家庭舞蹈7

# 故事
# 从家开始

李维榕———

著

华东师范大学出版社
·上海·

**图书在版编目（CIP）数据**

家庭舞蹈.7,故事从家开始/李维榕著.—上海:华东师范
大学出版社,2018
　　(李维榕作品集)
　　ISBN 978 - 7 - 5675 - 7559 - 2

　　Ⅰ.①家… Ⅱ.①李… Ⅲ.①家庭问题—通俗读物
Ⅳ.①C913.11 - 49

　　中国版本图书馆 CIP 数据核字(2018)第 055310 号

# 家庭舞蹈7
## ——故事从家开始

著　　者　李维榕
策划组稿　张俊玲
项目编辑　王国红
审读编辑　陈锦文
责任校对　林文君
装帧设计　卢晓红

出版发行　华东师范大学出版社
社　　址　上海市中山北路 3663 号　邮编 200062
网　　址　www.ecnupress.com.cn
电　　话　021 - 60821666　行政传真 021 - 62572105
客服电话　021 - 62865537　门市(邮购)电话 021 - 62869887
地　　址　上海市中山北路 3663 号华东师范大学校内先锋路口
网　　店　http://hdsdcbs.tmall.com

印 刷 者　上海展强印刷有限公司
开　　本　890 毫米 × 1240 毫米　1/32
印　　张　7
字　　数　156 千字
版　　次　2019 年 2 月第 1 版
印　　次　2024 年 6 月第 4 次
书　　号　ISBN 978 - 7 - 5675 - 7559 - 2/B · 1120
定　　价　40.00 元

出 版 人　王　焰

(如发现本版图书有印订质量问题,请寄回本社客服中心调换或电话 021 - 62865537 联系)

# 总　序

本来并没有打算写书,不知不觉却写了二十年的文章,加起来重重一大叠,不单代表我的工作,也反映了我的人生。

忙着与别人的家庭共舞,原来别人的悲欢离合,也是我的悲欢离合;我与别人,原来难分彼此,同属一个七情六欲生老病死的系统,都在迷茫中找寻自己的归属感。

这二十年来,我也从初期游戏人间的心态,变得心情沉重;又从悲天悯人,回复满怀喜悦。

没有解决不了的问题,只有烦恼人,不断自寻烦恼。

我却是学得越来越任性,高兴时笑,悲伤时哭,生气时骂人。活得痛快,才有闲情细嚼人际关系的丰富,不会错过身边人。

借道浮生,恕我无心细听你的满腔惆怅,只想邀你一同赏玩路上好风光!

# 初 版 自 序

李维榕

有人说,我们可以了解宇宙的运作,却不明白什么是家庭。

这一段日子,我正在带领一组家庭治疗师做临床工作,发觉最难让人把握的,就是家庭关系的千丝万缕。不知不觉地,我在这每周一次的专栏文字,就着重于家庭关系的种种层次。

有趣的是,无论每个故事内容怎么不同,却来来去去都是几个不断重复的形式;都是那样的剪不断,理还乱。多少期待,多少柔情,多少追求,多少执著,多少不甘心,多少如痴如醉,多少碰碰撞撞,又多少难分难舍! 如此可贵,如此珍惜,又如此不由自己。

人的最大困扰,就是老想找个简单的办法去解决一个复杂的问题,其实要走出困局,必须先从人际关系的网络开始。

# 目 录

# "红楼梦"的家庭

我们在苏州的观前街漫无目的地走着,走到玄虚观前,只见一座百年老道观,已经成为一间卖金饰的店铺,两旁的菩萨都被玻璃框封闭起来。道观后面一座座小庙堂,都变成小卖店或摊位。

我心中正在纳闷,朋友却对我说:"《红楼梦》的故事,就是在这里开始,还记得吗? 葫芦庙失火,就在玄虚观后面,结果引出贾雨村言,真真假假,都从这道观而起。"

短短的几句话,让我灵光一闪,眼前的商业区突然淡化,老道观的玲珑轮廓又再浮现。

朋友又对我说:"你可知道林黛玉初到贾府时,为什么一个孤女会被放在如珠如宝的位置?"

据他解释:"黛玉的父母托孤贾府时,同时托付了林家丰厚的财富,只是由于黛玉年幼,没有告诉她而已。"他又说:"所以,当贾母决定要迎娶薛宝钗作孙媳妇时,觉得很对不起林家,就是这个道理。"

我有点不服气,说:"《红楼梦》书中好像没有交待过这一回事。"

他说:"你仔细把书再看一遍。当黛玉入府时,贾政不是说过:'这样的姑娘多来几个就好了。'如果没有好处,他又怎么会如此兴奋?"

不管是真是假，我们一面游览玄虚观，一面谈起《红楼梦》这个大家庭，倒是为我这次到江浙地区讲解家庭治疗带来一个注脚。

　　这次见了好几个患上忧郁症的案例。而林黛玉，也是明显地患上了长期忧郁症。

　　寄人篱下，大观园虽然花团锦簇，但是除了宝玉及近身丫环，黛玉在贾府好像完全没有一个知己，小姑娘又怎能不多愁善感？明知她与宝玉是两情相悦，但是在紧要关头，却没有一人站出来为她说话，临终时更是门庭冷落。

　　如果朋友所言属实，那么贾府上下真是世态炎凉，让一个冰清玉洁的少女白白郁死。怪不得曹雪芹痛斥贾府没有一个干净的人。如果林家有先见之明，早该让女儿亲自背着万贯家财入贾家，名副其实的千金小姐，谁敢向她施白眼？恐怕连心机算尽的凤姐儿也不得不向她靠拢。如此一来，黛玉又哪有可能成为病胎子？

　　人的个性往往都是被环境塑造而成的，即使初生婴儿，其喜怒哀乐也受周边重要人物所影响。

　　而环境，除了物体上的因素外，还包括天时地利人和，及各种心理因素。家族历史以至家庭中人际间的互动与信念，都会一点一滴地塑造我们的所思所想所为。这世上实在没有"个人"这一回事。每个人都是一部电脑，一早就被装置了各式各样的软件，我们只是依照别人按程式而动；又像是一个舞动得兴高采烈的木偶，不知道原来背后有人在扯线。

　　朋友问："如果林黛玉前来接受家庭治疗，你会如何处理？"

　　我信口开河："会先从一个家庭评估做起，首先了解她的前因后果，探讨前后两个家族对她的长远影响，也许劝她回老家走一趟，重新建立自己的归属感；其次，顺便查查旧账，究竟给了贾家多少好处？让她可以理直气壮。"

当然还要协助她精心策划,如何在贾家建立她的关系网。宝玉既然对她情有独钟,在家中又是只有他说了算,把他找来做靠山,哪有两口子办不成的事?财力、人力充足,就不会活得如此别扭,要病也是自大狂,绝对不会是忧郁症。

我看林黛玉的问题,就是理智大师 Murray Bowen 所指:情感爆棚却思维不足。过于感性,全部依照感觉行事,绝对不经大脑,当然也不会顾及人情世故。把一生精力都投注于一个"痴"字,换来的自然就是一抔黄土掩风流。

只是林黛玉若变成女强人,就不再是林黛玉,如果贾宝玉仍然不食人间烟火,只食女人的胭脂,那么这一对小冤家也不一定有好收场。只不过是红楼情侣变成新时代的冤家路窄,纯情男女换来豪门争产案。那才真的是闹哄哄、乱糟糟,你方唱罢我登场。治疗好一个人的忧郁,却让一个大家族翻天覆地。

我们站在玄虚观前,一盏茶的时间不足,就做了以上一场白日梦。

假到真时真亦假,观前街商店林立,KFC 炸鸡、麦当劳汉堡包,加上苏州名店采芝斋,华洋混合。很多百年老店都只剩下门前一块石碑,一段段历史化为数行文字。

却道人去梁空巢也倾,明媚鲜妍能几时?一朝飘泊难寻觅。《石头记》的情怀,古今多少事,尽都化在我们一顿淮扬菜的笑谈中。

朋友又说:"千万别以为苏州女性都是吴侬燕语,让人甜入心窝;事实上我们男人多是处于下风,夹在母亲与妻子中间,全无招架之力。"

朋友也是心理治疗师,提起他的一个个案,他说:"这对夫妇闹离婚,因为男的一时贪玩,让婚外情人怀了他的孩子,逼他非要抛妻不可。后来情人对他厌倦,不想要他了,就对他说:'你怎知道那孩子是你的?'一脚就把他踢走了。男人做了冤大头,打算与前妻复合,便返家苦苦哀求。前妻却胸有成竹,对他说:'我早就料到有这么一天,你终会乖乖回来的。'"

一切都在别人的把握中,男人无限苦恼,便成了忧郁症病人。

我这次见到一个严重忧郁的男人,问题也是出于夫妻关系。妻子怪责丈夫只听母亲支使,丈夫却受不了妻子的咄咄逼人,结果要入院治疗。初见时,他的身体紧缩,牢牢地拥抱着自己的忧郁症,不让亲人接近。我们好不容易才让他从抽离的姿态站立起来,夫妇二人面对彼此间的分歧,不再逃避冲突。最后,男人决定放下忧郁,改去拥抱妻子。只是每当妻子有所要求时,他又立即舍命而逃,回到一个完全不肯动弹的位置。结果不但丈夫忧郁,连妻子也不得不忧郁起来。

有时,忧郁症会变成一种最厉害的婚外情,一个难以取代的伴侣,一张把人紧紧罩住的网。病人与家人都要重新调整自己的行为及思考,一同对抗这个强大的敌人,才有机会逃出魔掌。

忧郁症是个古老的病,也是一个时代病,无论科学家怎样努力从病人的基因找答案,始终无法脱离家庭的影响。其实这也不是坏事,因为,如果家庭关系是病因,那么我们就有机会设法让这"病因"变成"特效药"。改善家庭关系,要让感性加一份理性。因为如果人人都只听从感觉,就会受情感支配,失去对现实的判断。

只是如果人人都是那么理智,那么刀枪不入,就再也没有"痴",再也没有"质本洁来还洁去,随花飞落天尽头"的慷慨。玄虚观就不过是一个大商场,只供游人购买一些廉价的商品。

徘徊在这古今文化交接的断层,真假不分,原来满纸荒唐言也很好玩,让我不由自主地也想抓住那一点"痴"。

# 三 代 同 堂

　　主诊医师报告了好久,仍旧没法说完这病人的病历:说不完的腰酸背痛、说不完的五脏反转、说不完的心肺衰竭。

　　这是我在深圳见到的一个病人,是医院的常客。听了他的病历,我以为这人已是病入膏肓,非得被扛着来不可。

　　没想出现在眼前的是个年青力壮的男子,长得还算帅,让我一时犹豫,以为自己认错了人。

　　他身旁还带着好几位家人:左边坐着的是妻子与七岁的儿子,右边坐着的是父母亲,以及远道而来的妻子的母亲。一家三代,还加上一位丈母娘,人人神色凝重,连小儿子也是步步为营。相比之下,最有精神的反而是那病人。

　　他也理所当然代表着一家发言。他说:"一家人同住一个屋檐下,还加上妹妹的一家,父母亲喜欢大家庭生活,家中总聚满了亲友。妻子却要求建立自己的小家庭,总是闹着要搬走,让我毫无办法,烦不胜烦。"

　　我问他说:"所以你就生病了?"

　　原来他自己的母亲,早就认定他的病是被妻子逼出来的,只可惜母亲没有算自己的一份在内。

妻子努力为自己辩护,投诉自己在家中不被尊重,丈夫什么事都不与她商量,让她孤立无援,只有小儿子在安慰妈妈,叫她不要伤心。

妈妈声泪俱下,儿子在一旁真的显得十分焦急,眼睛盯着大人们的一举一动。

这是一个典型的身心症。病人总是觉得浑身不妥,却又无法在身体上验出发病的理由,因此一般会被诊断为心理引至生理发病的征象。心病还须心药医,但是必须先去找出病人的心结。

我看这男人夹在三代家人中间,有形与无形的压力把他紧紧地捆绑着,要不发病才怪!

他说,妻子老是埋怨他大男人,处事不公平,因此他特地从妻子家乡请来丈母娘,好为妻子打气。

有趣的是,丈母娘处处表达自己为人公道,帮理不帮亲,在亲家面前不断数落自己女儿的不是。无论女儿怎样投诉,她都抢着说:"没事、没事,大家忍让一下就是。"

女儿气得要爆炸,投诉的是丈夫,结果吵起来的却是自己母亲,倒是那男人稳如泰山地安坐在那儿。我开始明白他为什么把丈母娘找来了,原来那是他的护身符。

家庭真是个奇妙的多面体,明明患病的是那男人,怎么看上去最最忧郁的却是他的妻子。

我问男人,他对这次会面有什么要求?

他说:"最希望有个通情达理的妻子!"

他的父母也帮着对媳妇说:"不要想那么多,好好放松自己,一家人和和气气就成。"

要通情达理,又要放松自己,即是不要有过多要求。

妻子四面楚歌,仍坚持着,非要丈夫答应搬出大家庭不可。

夹在两代新旧价值观的压力之间,丈夫明显地要听从父母,却又不想得罪妻子。他望着我说:"你是专家,你说我应该怎么办?"

男人处于一个微妙的位置,上一代及下一代都在等着他来表态,如果真有专家这一回事,那么我们的工作就是提醒:"他"自己,才是关键人物,怎样也逃避不了。

我愈来愈明白他为什么老是往医院跑!如他所言,手心手背都是肉,应付不来,只有借病遁。我抬头对他说:"下次你又要入院时,不如找间五星级酒店,进去好好地享受几天。做做按摩、做做水疗,也许你会找到新的能量,面对家中的问题。"

我后来单独地见了这小夫妻一次。妻子来自湖南,早年丧父,只有母亲和三姊妹,受尽同乡的欺压,好不容易熬出头来,嫁入夫家却让她又憋了一肚子咽不下的气。

大部分时间她都在吐苦水,一宗又一宗地数落丈夫的不是,怪不得男人总是找路逃走。

她要求丈夫每月陪她和儿子三个周末,只花一个周末陪父母。这本来不算是一个过分要求,丈夫却只答应一半一半。双方坚持不下,一个本来容易解决的问题,不但解决不了,反而愈说愈僵,前尘往事,变成算旧账,每句话都擦出火来。

如此看来,其实见面一次都嫌多,因为这种共处其实毫无质量可言。

我了解妻子的苦恼,只是她每句话都是舌剑唇枪,对解决问题毫无用处,但是要她停也停不了。

很多人以为夫妻要多沟通,但是此时此境,他们更要知道如何闭口。亲如夫妇也不能想到什么就说什么的,有些话说出了就收不回来,双方都会记恨在心，这也是造成现在这个僵局的一个原因。

婚姻研究专家 John Gottman 提议夫妇在火头盛势时，就要赶快鸣金收兵。专注于量度自己的脉搏，如果超高，就要避开对方一阵，待心平气静时才好见面。

既然无法让妻子收声，我们只好等待她把气发完。好在这次丈夫没有像往常那样走开，还坐在她身旁拉着她的手。即使妻子多次用力把他摔开，男人仍陪伴着她，最后终于平静下来，两人承诺一同学习重新开始。

我们这次培训的同学中，有多位也是来自湖南，有人说那吃辣椒的地方人也特别辣，也有人说这是湘女多情，只是情无落处，才会变得如此苦涩。

我却想，三代家庭对小夫妻永远都是一个大挑战。夫妻必须要有足够创意和配合，才应付得来。我告诉妻子说："我自己也是嫁入一个大家庭，有一阵子我的公公、婆婆以及一群亲属，都搬到我的家来，把我那布置优雅的家闹得鸡犬不宁。"

那妻子抹干眼泪，问我说："那你怎么办？"

我说："气得要上吊、要杀人、要拧死丈夫。后来我丈夫提议我去参加一个女子会所，每天下班在那儿舒舒服服地享受自己的空间后，才回家吃晚饭。他的父母还以为我工作卖力，关系也就自然好了。"

这个故事的教训是：除非你嫁个孤儿，不然就要接受你丈夫的家人，因为那是他的一部分。当然，丈夫也不可以溜之则吉，因为双方都需要你来表态。

这丈夫已经十分幸运，因为丈母娘没有给他添麻烦。如果女方也有个气焰逼人的大家庭，那才够你受！

## 胡 言 乱 语 的 乐 趣

我很喜欢这个一家四口的家庭，与他们谈话，让人觉得十分痛快。

没有见他们一段日子，那男人一见面就拉着我的手，十分高兴地说："见到你太好了。"

我笑着回答："嗯，别太兴奋，我有老公的呀！"

第一次见这家庭时，他们可绝非这般活泼，甚至让我吓了一大跳。当时母亲是那样的苦涩，与父亲的无奈，刚成正比。我要求他们商讨一些夫妇尚未达到一致的地方，谁知不谈还好，一谈起来，妻子就不停口地数落男人：没有一宗他做得对的事，是个完全失职的丈夫，一个绝对不负责任的父亲！

这个家庭有两个孩子，一姐一弟，都是青少年。姐姐无端端两腿失灵，不能走路，有好几年都出不了家门。弟弟也被诊断为多动症，要靠药物控制。

听着母亲对父亲的激烈攻击，姐弟都忍不住泪流满面，这是一个愁云满布的家庭。

父亲戴了助听器，大部分时间都听不到妻子的声音。我后来发觉他是选择性的耳聋，特别听不到妻子说话。

这次会面，两个孩子都很为父亲抱不平，觉得是母亲把他压迫得不能喘气。男人发觉孩子站在他的一方，突然听到了所有的话。

他说："我知道妻子对我好，为我受了很多苦，为了怕冲突，总是避开不与她争，久而久之，就没有话可说了。"

他认为妻子行为过于极端，生起气来可以不顾一切。他指出："她老是带儿子去见心理医生。其实，真正要见心理医生的应是她自己。"

母亲却说："在家中完全没有可以交谈的人，快要把我逼疯了，只有找儿子去谈！"

儿子也说："我老是对她说，你不要再谈了，我的头要爆炸了。但是她总不能停止。"

像很多无法沟通的夫妇，母亲很自然地就撇开丈夫，常年与儿子结伴。看到如此合不拢的一对痴男怨女，我开始了解这两姐弟为什么会憋出一身毛病。

好在姐姐已经渐渐地走出困局，开始走起路来，并且找到一份半职工作，努力地恢复正常人生活。弟弟却代替了姐姐的病人角色，非靠精神药物不能平息情绪上的起落。

本来以为姐弟各自患了不明其解的身心症，现在有机会看到整个家庭的互动，对二人病征就有不同的领会。

从家庭系统去看个人行为，很多孩子在极端担心父母的时候，都会急出各种心理病来。而且很多表征问题是不停地变动的。从母亲的投诉，我们起初以为父亲实在不济事；从儿子的表达，我们又以为母子之间存着严重的矛盾。但是这都是表面的层次，很快就发觉丈夫并非不关注家庭，只是无法过得妻子的一关；儿子并非反叛母亲，他只是离不开母亲才不断叫喊罢了；女儿虽然不大说话，但是她脸上明显地带着一股焦虑。

为了拯救孩子,夫妻同意好好地整理彼此间的分歧。好在这家人有个很关注他们的儿科医生,她不只是给孩子开药,还根据在家庭评估后共同订立的目标,把病人从父母的铁三角中拉出来,让他们投入青年人的世界,而不只是专注于父母关系的不和。

治疗目的是清楚了,四个人都要有所改变。但是这路程可走得一点也不容易。家中任何人有所改变,其他人就会把他打回原形。儿子埋怨母亲不改变,母亲埋怨丈夫不改变,丈夫的耳朵也就愈来愈听不清楚了。

有趣的是,他们的问题虽然好像没有大改变,但是他们互动的形式与表达,却由原来那股罩在愁云惨雾的无奈中,变得处处逼人。连那本来沉默不言的父亲,也绝不后人,只是因为他实在不如其他家人快捷,怪不得这次一见到我就急着找救兵。

我问他说:"你答应了要做你老婆的伴,好让儿子可以抽身,做他自己青年人的事,怎么又跑掉了?"

这次儿子代他回答:"是因为妈妈愈来愈厉害,老爸不是她的对手,追她不上。"

他又说:"爸爸工作不稳定,妈妈总怪他不拿钱回家。终日对我说钱呀!钱呀!一边炒菜一边说没钱。我本来希望升学,现在想想,还是出去做事好了,不能不帮补家庭!"

父亲一听到儿子说不想升学,急得直着眼睛向他望。一提起钱来,全家人都紧张起来,原来夫妻间的矛盾,好像都纠缠在金钱上。贫贱夫妻百事哀,两个孩子立刻加入为父母周旋。

连不大表态的女儿,也忙着不是为老妈解释,就是为老爸说话,但那实在不是一件容易讨好的工作。儿女愈插手,父母就愈不用彼此回应。经过一番张罗,儿子终于承认,读书还容易,最困难的,就是要为母亲担忧,那才是让他离不开药物的理由。

很多人不知道,孩子对母亲的痴缠,可以如此难分难解。他还说,担心的其实不止母亲,同时也有父亲。难怪当父亲诉说自己耳朵不灵、谋事困难的苦恼时,妻子还没有反应,儿子的眼角就闪着泪光。

我看过很多为父母关系不和而忧心的孩子,却还没有遇上对父母如此上心的青年人。

这才明白,母亲埋怨丈夫不能养家,其实那只是个借口。因为常年以来,她的满足感是从儿子身上而来,现在要她放下儿子,与丈夫做伴,两人在步伐上、兴趣上,都格格不入。一个快、一个慢,让她很难觉得痛快。

因此她最享受的仍然是一家四口聚在一堂,娓娓而谈,谈什么内容都没有所谓。怪不得丈夫及儿女都在数落她的不是,她也毫不在乎。

母亲其实是个充满活力的人,只是在家中没有让她发挥之处,满腔精力就会化为怨气。原来她也设法突破,走去唱大戏,有趣的是丈夫与儿女都怪她不顾家庭,千方百计把她留在家中。可见不单父母抓着孩子,孩子一样抓着父母不放手。

她说:"其实最希望做一只猫,依附在丈夫身旁。"儿子却说:"可惜父亲是一只老鼠,在猫前毫无办法。"

于是,我与姐弟二人商量,谁来请缨当父亲的军师,让父亲学会治猫之术。姐弟乘机把本来对父母的那一股爱莫能助,化为淋漓尽致。尤其是儿子,出尽九牛二虎之力,教他怎样对付母亲。丈夫找到支持,十分开心地依着儿子的话对妻子说:"你别再欺负我,我要发恶了!"

妻子也故意摆出一副不可欺的样子,说:"你敢!"

姐弟又忙着给那快要泄气的父亲打气。

一家人闹作一团，笑语连篇。不一定能解决什么，却自有一番家庭乐趣。胡言乱语，有时比大堆道理来得痛快。

　　我知道这姐弟二人，在认为父母婚姻不和时，是绝对不肯抽身的。既然不能不理父母，就让他们尽量发挥，找个有趣的方法去做帮手，总比憋出一身毛病来得妥当。

　　儿子在结论时，深情款款地向父母说："你们知道我心中有多疼爱你们吗？你们为什么不能活得好一点？"

　　有趣的是，这对夫妻并非活得很不好，他们只是活得不够恩爱，而对于一些绝对忠心的孩子来说，父母活得孤单，就是他们最大的心结。

# 直 升 机 父 母

每年回到北美洲,都会发现一些新的流行名词,今年所流行的,就是"直升机父母"(Helicopter Parents)!

何谓直升机父母? 就是那些不停观察着孩子所有活动的父母;他们像直升飞机一样,在你头顶盘旋,又随时准备降落,尤其喜欢在孩子就读的校园探索。

直升机父母,是老师们的大忌,他们的过分参与,往往造成老师与学生之间的一种阻碍,让老师很难有效地处理学生的行为。因为无论遇到什么问题,老师要面对的并不只是学生,还有学生的家长。

这是一个奇怪的发展,北美洲一向极度重视家庭参与子女活动。曾几何时,家长的介入,变成一个让人头痛的新文化现象?

心理学家 Neil Montgomery 最近访问了三百名大专学生,发现那些来自直升机父母家庭的孩子,远比其他孩子焦虑、自我中心、难以接受新事物,并且缺乏冒险精神。

这项研究发表后,各大电视台及杂志都有大幅度的报道。一时间,父母的过分监管、过分保护、过分参与,成为阻碍孩子发展的讨论焦点。

其实直升机父母这个名词,早在一九六九年一本畅销书《在父母与青少年之间》（*Between Parent and Teenager*）中就曾经出现。书中一名年轻人，形容他的母亲在他头顶上转来转去，简直像直升飞机一样。

但是直到二十一世纪初，这个形容词才在《以爱与逻辑养育》（*Parenting with Love and Logic*）这本著作中成为专有名词。近年来，更成为攻击过度活跃的父母的一种标签。

北美洲有着崇尚亲子教育的传统，从教育制度到社区活动，父母的投入是备受鼓励的。只是物极必反。社会学家 Margaret Nelson 的一项研究发现，愈是中产阶级的家庭，愈是过分保护孩子，并且对孩子的一举一动，都作高度监管。这些父母把全部精力都放在孩子身上，为孩子安排所有活动；孩子的生活，就是父母的生活。

有个母亲甚至假扮女儿去参加入学试，因为她不相信女儿有能力通过。

这些父母不知道，他们的过分投入，不但没有达到预期的效果，反而不知不觉地把儿女的能力废掉了。

Nelson 的一本新书 *Parenting Out of Control*（可译作《亲子亲成狂》），谈的就是这个状况。

　　如果你想知道自己是否属于直升机父母，可参考下列几个准则：

1. 你有没有每天都打电话找你寄宿在校舍的孩子？
2. 你有没有不断找学校职员交涉孩子在学校的活动？
3. 你有没有为孩子准备功课或研究资料？
4. 你有没有涉入孩子与同学间所发生的纠纷？
5. 你有没有当孩子的私人秘书，为他安排约会或拨电话叫他起床？

    6. 你有没有多过一次为孩子的分数向校方诉不平？

    7. 你有没有为孩子选择课程？

    8. 如果孩子犯了错误，你是否感到十分不安？


    当然，以上的例子都是针对大专院校的年轻人而定。其实，父母参与孩子生活的程度，往往是从小就养成的习惯，绝对不是突然发生的现象。而且什么是过度参与，也有各种文化因素的考虑。如果以上述的准则为标准，那么大部分中国父母都是超级直升机。

    在美国攻读研究生的侄女对我说，已经是医学院博士生的她，仍然要不断提醒母亲，千万别带着香喷喷的中国饭菜到宿舍大门口高声喊着她的小名。她母亲也是饱学之士，只是不知何故，一想到女儿也许很久没有米饭下肚子，就会不顾一切。

    而且即使母亲忍得住手，爷爷、奶奶、其他家中长辈也会推着她走。

    如果单是为了孩子忧柴忧米还可，毕竟我们的文化是民以食为天。奇怪的是很多父母，陪着孩子远渡重洋，名副其实地是陪太子读书。尤其很多男人自己留在国内，却把妻子送去外国陪伴就学的孩子。这些只有"半只翼"的直升机，盘旋在异乡的国度，名义上是协助孩子，实在是成为孩子的负担——让他们更难融入陌生的环境。

    很多学者指出，直升机父母其实是大社会文化的一种产品。因为长期以来，大社会的文化意识，都是促使父母参与孩子的教育和发展，任何把孩子独自留在家中不加监管的父母，都会备受社会的指责。连法律制度，也理所当然地偏帮特别投入孩子生活的父母。在争取抚养权的官司中，愈是积极投入的父母，就愈有机会获得胜算。

社会道德理念的一种潜移默化，结果就养成如此一条大恐龙！一种亲子也疯狂的现象！手提电话的普及，更为母亲和孩子之间创立了一条剪不断的"脐带"。

现在美国、英国及北欧一些国家，都在考虑改革教育制度，甚至以立法方式隔离这些直升机父母的参与。日本也有一些研究，称他们为"怪兽家长"，特别针对那些不可理喻的学生监护人。基于有女教师曾经不堪被"怪兽家长"疲劳轰炸而自杀的事件，大阪市前些年甚至制作了一份应对手册，为教师提供预防良方，可见教师们对这一类家长所产生的恐惧。

日本的例子也许有点极端，这种处理方法也许会造成校方与家长间的更大分歧。但是究竟家长的参与，怎样才算是适当？应以什么为标准？这实在并非一个容易定论的问题。

从家庭发展的理论看来，父母永远都会比子女所需迟一点放手，有些地方甚至一直都不能放手。我的母亲步入老年痴呆症途中，仍然以为我晚上出门会迷路，不知道天气转寒要加衣，总是一次又一次提醒。

学会在不须多嘴时不多嘴，是一项十分困难的学问，少一点道行都办不来。但是如果单是这样就造成孩子的种种问题，却怎样也说不通。

孩子的成长，有很大部分是学习怎样保护自己的空间，让父母不能随意闯入。这是一个父母与子女都要互相学习的过程。父母有政策，孩子也会有对策。

问题是，有些过于密切的家庭，这个过程没有发生，因为父母与子女成为一体，很自然地，孩子就会失去自我发展的成长机会。

为了针对这些过分紧张子女的家长，有些学者又提倡一种"慢动作父母"（Slow Parents）或"悠闲父母"（Idle Parents）的理念，返璞归真，让孩子自由发展，让父母与子女重新发展适当的个人空间。

只是无论哪一套理念，都有适得其反的危机，而且知易行难，很多父母都说，专家总是叫他们放手，谁不知道要放手，但怎样放法？这也往往是夫妇教子的一个大矛盾，男的总是叫女的不要过分执著，女的也总是怪男的不负责任。

可见即使是直升机父母，也有他们的分歧之处。

教育子女并非只凭理念，甚至不能单靠爱，那是一个千丝万缕的过程，只能祈求它有惊无险。但无论你多着急，都要接受一个事实：孩子虽然是你的骨与肉，但毕竟是另一个个体，一个要有自己思考及自我经验的生命。

怎样协助孩子成长？不单要有一起成长的父母，还要有个成熟的教育制度。否则公有公理，婆有婆理，夹在中间的仍是孩子。

# 虎 妈 的 战 歌

《虎妈战歌》(*Battle Hymn of the Tiger Mother*)，是美籍华人 Amy Chua 一本甚具争议的新书。书中记录了她怎样以极度高压的手段教育两个女儿，一时间成为美国电视节目及报刊的热门话题。

尤其是《华尔街日报》(*The Wall Street Journal*)一篇 *Why Chinese Mothers Are Superior* 的专题的报道，引用书中例子指出中国母亲比西方母亲教子有效，更是引起普罗大众的抨击与抗议。

虎妈究竟是何许人物？Amy Chua 是耶鲁大学的法律学教授，她把事业上的成就，大部分归功于自己那极度权威又事事要求完美的父亲。

来自家教甚严的移民家庭，孩子不但绝对不可反驳父母，还要为家人争光。虎妈说，有一次赢得一项比赛的二等奖，她父亲来观礼，发觉另一名学生取得大奖，十分生气地对她说："永远也不要再让我这样丢脸！"

为人母后，她也是以同样态度教育两个女儿。书中很详细地记载了她怎样鼓励大女儿练习钢琴。那时女儿才三岁，她不肯依从母亲的指引按着琴键，母亲就把她关在后园不让进屋。被丢在冰天雪地的户外，小女孩也是万分倔强，宁愿冷死也不肯低头，母亲最后迫不得已，才顺了女儿一次，但是并不等于就此罢休，她只是另寻对策。

女儿渐渐长大,母亲终于成功地让她熟习钢琴。书中有一段,描述虎妈怎样坚持陪伴女儿练习的例子:那是一首十分难弹的乐谱,需要双手同时分别处理两组不同的音符,女儿无论怎样努力,两只手总是无法配合。

但是母亲怎样也不让她放弃,亲自监督着孩子不停地练习,日以继夜,不许吃饭,不许上厕所,只可对着琴键练个不停。连丈夫都看不过眼,劝妻子不要过分钻牛角尖,也许女儿真的缺乏这种天分。

女儿当然也是千方百计,罢工抗议。但是这次虎妈胜利了,一场让人惨不忍睹的母女大战后,女儿终于把乐曲弹奏成功了。虎妈说,当晚与女儿同榻,共同庆祝成果,感受到母女间前所未有的亲切。

很多人会认为这是一种虐儿教育,但是虎妈沾沾自喜,并推而广之,把这升华为一种中国妈妈的成功之道。

她强调:中国妈妈与西方妈妈的教子观念是截然不同的。西方妈妈处处维护孩子的感受,任得孩子自由发展,明明没有什么可赞扬之处,也要赞个不停,认为这是对孩子的鼓励。中国妈妈却绝对不在人前称赞自己的孩子,孩子的喜爱和选择并不重要,母亲决定的才算数。孩子有不是之处,必要在人前责骂,因为当众受辱是最好的教训。

结论是,严母出精英,中国妈妈鞭下都是 A 级的学生。谁敢拿回家一科 A－或 B,家中必定有人"当场爆炸或当众扯头发"。

虎妈的家训,包括孩子不可外宿、不可参加校外活动、不许看电视、不许上网,科科都要考 A,参加任何竞赛,都要获奖,而且是头奖,还有一点,当然就是绝对不可不苦练钢琴或小提琴!

她那三岁起就与她角力的大女儿,终于成功地在纽约的音乐圣殿卡内基音乐厅(Carnegie Hall)演奏。不过同一种方式用在小女儿身上就没有那般效力,只引起孩子对母亲的不停反叛,最后还是放下母亲逼她提起的小提琴,拍拍屁股,打网球去了。

虎妈写这本教孩子的战歌时,正是因为败于小女儿手下,而让她不得不反省一下自己那由上一代遗传下来的教育方式,是否也需要作点修正。

但是她始终坚持,她的教育全基于爱,而且完全信任两个女儿有能力做到比她们想象中更好,只是她们自己不敢相信罢了,为了这份信任,虎妈甘愿迫着女儿上天下地,拼了老命也要发掘孩子的潜质。

她需要女儿把自己最好的一面拿出来!

虎妈还有一个极受批评的例子,就是当两个女儿只有四岁及六岁的时候,丈夫忘记了虎妈的生日,结果一家人在匆忙中找了一个很窝囊的餐馆去庆祝。女儿临时手制了一张生日卡送给妈妈,虎妈一看这张敷衍了事的贺卡,明显地只花两分钟就制成,立即把贺卡退还给女儿,说:"我不要这样粗制滥造的东西!我要你给我最好的!"

这例子吓坏了很多儿童教育专家,怀疑这母亲是否因为过度追求完美而疯了。但是虎妈与直升机父母不同,她并不过分保护孩子,在老师面前尤其对孩子绝不姑息,她觉得有时骂孩子是"垃圾",并不一定影响孩子的自我评价,最重要的是有个相亲相爱的家庭。

在这过度亲子的年代,虎妈这一番言论,也是提供一种有趣的参考,可惜却引来全球中外不少家庭的炮轰。很多人以为她是在开玩笑,有人骂她故意危言耸听,也有人抨击她这种把中外母亲分类的说法过于武断,甚至有种族歧视之嫌。

其实,教子是一个很私人的决定,也没有一种绝对的方式。虎妈那"孩子必须要听父母话"的论调,多多少少也反映了一种中国传统"玉不琢、不成器"的观念。我不知道中国妈妈教出来的孩子是否真的全部拿A，不久之前也有华裔作者制作了一部《疯狂的亚洲母亲》(*Crazy Asian Mothers*) 喜剧，大谈作为这一代美国移民母亲的孩子有多苦恼。可见上一代与下一代必有不同的体会。不过中国妈妈(也包括中国爸爸)喜欢在人前骂孩子，倒真的是一种常见的现象。孩子见怪不怪，也不见得一定因此而变得自卑，毕竟孩子本身也是很有弹性的动物，并非父母亲一两句话就可以把他打沉。但是如果说当众侮辱孩子是一种对孩子的鼓舞，那倒是有点牵强，不如说是父母的修养尚未到家，有失仪态。

其实外国父母也并非不骂孩子，全世界的父母在教育孩子时，都有失控的时候，因为每个孩子都可以是天使，也同时是来向父母讨债的小魔怪，尤其在协助孩子做功课的时候，不论在哪一个国家，都是一种类似打擂台的苦战。不同的是，失控的父母知道自己是控制不了，而虎妈却是美其名为中国妈妈的良方，难怪惹来那么大的反应。只是不管好坏，这些反应已把她的著作推到畅销书第一位，她不是说过，什么都要排第一的吗？

问题是，人人都要排第一，那么其他人怎么办？

好在我见过很多要求孩子只可考第一不可考第二的父母，结果孩子连书也不读了，能躲多远就多远，甚至足不出户，这世界才不致人人争得头崩额裂、你死我活。

不过虎妈的两个女儿，从小便要负责家务，洗碗、倒垃圾等无所不做，比起很多只要求孩子读书的中国父母，又好像她更洋化。倒是她家中养的两条狗，经过虎妈苦心教化，仍然不能成器后，才有幸真的可以享受吃喝玩乐的悠闲生活。

# 一 个 无 国 界 的 故 事

这男士三十八岁，是一名有成就的钢琴师，曾经在美国著名的Carnegie Hall演奏多次，并且出过几张音乐特辑。

如此优秀的一个成年人，却让他的母亲忧心如焚。母亲说，除非他接受家庭治疗，否则她就会断绝儿子的经济支援。

但是他们的治疗师却说，见了母子好几个月，一点进展也没有。每次都是母亲在批评儿子，儿子在埋怨母亲，重复又重复，一种你追我逐的互动形式，旁人根本没有插嘴的余地。

治疗师没有办法，只好把这家庭转介到我们纽约的诊所问计。我刚回到纽约，我的老师 Minuchin 就对我说："不如我们一起接见这家人吧！"

一家人，当然不止这母子二人。原来这是母亲与前夫所生的儿子，父母离婚十多年，而且已经再婚，但是母子关系一直难分难解。很多人不知道，难分难解的症状，就是不断地互相攻击，互相拒绝。乍眼看去好像是势不两立，骨子里反映的是无法分体的痛苦。

我见过很多父母离异的孩子，父母的婚姻已经完结，但是他们仍以各种方式延续上一代的关系。这男士快到不惑之年，一方面是成功的音乐天才,另一方面,他的情怀却仍然停留在孩童时代。

母亲说,他一直不肯接受她的再婚,以各种怨恨的字眼去责怪她对父亲的不忠。十多年来,他更是生活起居全部依靠母亲。无论在工作或情感上遇到什么挫折,箭头都是指向母亲。而母亲,一方面是忍无可忍,一方面却是同样无法让儿子走出她的视线。

怎样让连体婴分体?这是最困难的一宗手术。

这宗个案的治疗师几个月来只见母子两人,怪不得进展很慢。因为,母子愈是互相对话,愈是纠缠不清;愈是要解决两人之间的矛盾,愈是互相束缚在一起。

因此,这次会面,我们坚持他们把母亲的现任丈夫请来,希望借着另一个家人的力量,协助母子二人建立适当的界限。

只是三人行,母子远比夫妇更像一对配偶。母亲无论说什么、不说什么,儿子都有反应,像个七八岁的孩子,用尽方法争取母亲的全部关注。

母亲说她不想再做儿子的伴,她必须走出这个角色。但是十多年来她的眼睛已是习惯地老盯着儿子,她也是一样不能不对儿子的所有言谈举止作出反应。

反而是她的丈夫,静静地坐在一旁,他人是来了,但他说:"我只是他们的司机。"

这是一个爱尔兰家庭,我的老师是犹太人,我是中国人。三个不同国籍的人,在这一个多小时的时空中,一个无国界的治疗舞台上,设法为这家庭困局寻求出路。

我们费尽九牛二虎之力,设法把这家庭的"司机"变成骑白马的武士,前来拯救被困在魔法中的妻子。

丈夫是个成功的律师,原本以为这是妻子与前夫所生孩子的问题,与自己无关。他说不是他不愿帮忙,只是妻子并不想她插手,他也就乐得清静。

很多再婚的母亲或父亲,都会有意无意地把上一段婚姻所留下的瓜葛,独自处理,没有运用现有婚姻所带来的资源,这是十分可惜的。

这丈夫其实甚有见解。他说,本来十分不能接受孩子对母亲这种说话猖狂的态度,但是他知道妻子不会接受他的意见,所以只好冷眼旁观。

这次会谈,我们把他从旁观者变成主角,儿子在一旁不停抗议,提醒我们他才是我们的对象,母亲也不断把话题带回儿子。他们不知道,这家庭的舞蹈形式,只有母亲与儿子的舞步。而我们的目的,就是希望母亲与自己的丈夫起舞,让儿子学会独自弹他的钢琴。

奇怪的是,如此能干的母亲,完全看不到儿子已经到了不惑之年,她始终坚持:如果没有她的支持,儿子就会完全无法生存。

十多年来母子相依,已成习惯,谁也离不开谁,也不知道是谁在讨谁的债。只看到他们的情绪全部都投注在对方身上。任何一方的行为,都会引起另一方的激情。

但我们却把全部投注都放在丈夫身上,希望他能够从儿子手中,讨回他的妻子。

我对儿子说:"你的父母亲已经分手多年,你也应该是时候与母亲'离婚',把她还给她的新丈夫了。"

儿子好像完全听不到我的话,指手画脚地仍在投诉着母亲的不是;好在 Minuchin 把母亲邀请到远远的一个角落,留下儿子与后父交谈。由于后父不像母亲那么情感化,对于儿子的挑逗没有情绪反应,儿子慢慢地就平静下来,两个男人倒也谈得投契。

重组家庭,后父母都需要一个认识及适应对方子女的过程。可惜的是,亲生父母往往会挡在孩子与后父母之间,反而阻碍了一个让他们接近的机会。

这个迟来的父子交谈是重要的一步。如果用得着这个资源,这后父将是最能够为妻子与儿子之间创造一个界限,及协助儿子成长的理想人选。

家庭治疗的目的,并非在家中找问题,相反地,是希望利用家中的资源,解决家中的问题。我们相信,每个家庭都有未被派上用场的能量,只是还没有被提升起来罢了。

像这一直觉得无所发挥的后父,多年来看着妻儿那日以继夜的争执,起初也以为这母子之间存在着无法解决的分歧。当他开始了解这并不是分歧,而是不能分离,他便知道应该怎样扮演他的角色,发挥他的效能。

接着而来的,治疗师要见的不再是母子,而是夫妻。强化夫妻间的体制,母子之间的紧密自然就会减低。在一个家庭内,两个人的关系,反映的往往是三个人的关系。

幸好夫妻两人都同意我们所提供的方向,让治疗师继续跟进,儿子虽然不愿意放下母亲,但有了后父的参与,他不得已也要让自己表现得像个成人。

而我们这来自不同国家的几个人,突然也感到超越时空,分享着一个无国界的故事。

# 与 家 长 对 话

与家长对话，是一项甚具挑战性的差事。

因为家长所提出的问题，并非没有答案，只是这些答案他们不一定接受，即使接受了，也不一定容易办到。

这天我接受几所小学的联合邀请，为家长们主持一次讲座。这个由家长会主办的聚会，他们一早就为我准备了几个提问。

例如：怎样让孩子主动地自己温习功课？怎样让自己有耐性，不对孩子发脾气？怎样制止孩子不停上网？

问题都是集中在孩子身上，这大部分家长的心意，其实也是问题的所在，因为孩子是不可以承受父母过多关注的。如果父母全部专注都放在孩子身上，双方都会基于缺乏空间而纠缠不清。

很多父母都明白要放手的道理，但是要求这些以教育子女为生命目的的父母放手，却是谈何容易。

有一位母亲说："人人都叫我放手，我当然知道要放手，但是怎样放法？"

也有一位母亲说："丈夫为了叫我放下孩子，特别安排了一次二人之旅，但是，旅途中想起留在家中的两个孩子，忍不住就流下泪来。"

怎样教育儿女，其实是夫妻间的一项重要任务。父母间的配合、商讨与支持，你拉我一把，我陪你焦急，由孩子出生直到他们成家立室，父母才捏一把汗，一同舒一口气。

孩子出现任何问题，第一要问计的是你的配偶，而不是专家！

问题是，很多夫妻都不相信对方的能力，甚至认为自己的另一半才是问题的因由，这是一个十分悲哀的现象。

有一位母亲问："我的儿子完全不听我话，教他功课，他就说我'吹水'①，甚至骂我'死八婆'，我现在都怕了他，可以怎么办？"

我会问，孩子的父亲在哪里？因为这个时候，我们最需要的是让爸爸出头，对孩子说："这是我的老婆，我不许你这样对她说话！"

孩子如果这样不把母亲放在眼里，必然是在母亲背后没有一个保护她的人。当然，如果父亲自己也骂妻子是"死八婆"，那么母亲就更是孤立无援。况且，不过是几岁大的小童，如果不是背后有人撑腰，又怎会变得如此猖狂？要把这小魔头变回一个小孩子，就不得不面对夫妻关系的波折。

也有人问："怎样才可以把丈夫拉来一起参加亲子讲座？"

这才发觉，在众多参加者中，女性真的是占了大多数，但是并不等于没有男性。当中甚至有几位男士，自告奋勇地告诉我们是自己单独前来的，妻子并没有同行。

其中一位说，妻子认为他不懂教子之道，怪他老是与孩子玩耍，没有严格督促儿子做功课，更糟的是他自以为很为孩子着想，而孩子反而只听妈妈的话，让他十分沮丧。

___

① 粤语俗语，特指吐沫星乱飞、口水花乱溅的聊天、吹牛。——编者注

他问："究竟是我的方法对，还是我老婆的方法对？"

很多人都认为没有对与不对的方法，对孩子好就成了。

我却认为：如果夫妻两人因为坚持己见而把孩子变成他们的战场，那么双方的办法都必然不对！

另一位也是单独出席的父亲说，他无法让妻子接受自己的提议，虽然妻子不断地问他意见。他说："例如她会问，今天假期我们到哪里吃午饭？我说，到那家某某餐室吧，她就会说那餐室有什么好？不如去另外一家！"

男人很苦恼地说："每桩事都是一样，我说什么都没有用，渐渐地我也懒得出声。如果我坚持，就会吵架。为了避免吵架，我就只有忍着！"

这男士说他参加过无数亲子讲座，都是一个人出席。他想找个不用通过妻子就能成功地独自教育孩子的方法，问题是，不通过妻子，丈夫又怎能接近儿子？那毕竟是个三人关系，而不只是父子两个人的事！

很多妻子都埋怨丈夫不够参与，我也见过很多例子，当丈夫想参与时，妻子也会不知不觉地把对方拒之门外。

最近就见到一个对丈夫十分失望的妻子，发誓从此不再找他帮忙处理家事。她说："最大的心愿就是做个小女人，让对方做一家之主。"但是她的丈夫却觉得对方从来没有尊重过自己，连孩子也不听他的话。他每天下班后为家人买菜做饭，其他事都不闻不问，他愈是觉得无奈，妻子就愈不满意；妻子愈不满意，他就愈无奈。

很多这些并非不顾家的男人，却总是神差鬼使地，无法满足妻子。

要让丈夫参与亲子座谈或其他事项，必得让对方觉得有点乐趣，而不是老认为他有问题，活生生地被捉来听专家教训。

否则，无论你发现到什么教子良方，都会变成夫妇间一项新纠纷。

那几位男士也同意，如果他们回家把我们的谈话内容转告妻子，妻子也一定不会接受，只会为他们新添烦恼！

即使他们一同出席也不一定有好结果。我正在苦苦思量为什么现代夫妇会变得如此水火不容，有一对夫妇就当场吵了起来。

原来儿子不停地打电话给妈妈，爸爸十分不以为然。他说："儿子完全放不下妈妈，每隔一会儿就打电话过来！孩子这般依赖母亲是不对的，他必须学习独立！"

妻子却觉得丈夫不常在家，完全不懂得儿子的需要，说着说着，儿子又打电话过来，两人愈加生气！

妻子对丈夫的愤怒很深，即使丈夫的话说得不错，她也无法听得进。丈夫也按不下气，双方都无法停止，结果只有不欢而散，急坏了他们的社工。我开始明白为什么儿子不断给母亲打电话，因为他知道父母之间有多少苦、多少涩，即使一同参加家庭讲座，他也不相信他们真的能够和平相处。

怪不得有一位单亲母亲说："虽然一个人教孩子，有时会觉得孤单，但是起码不用同时处理夫妻间的冲突！"

我却想，不管双亲或单亲，任何人如果不能心平气静地教孩子，尤其教孩子做功课，那结果也必然是惨淡收场！

父亲要教好孩子，其实很简单，只要让妻子开心！因为不开心的妻子，都会咄咄逼人，让你也同样不好过，任你有千般主意也无法施展。

而最受害的，结果还是孩子！

# 说 "火 星 人 语" 的 家 庭

我在四年前就见过这台湾家庭一次。

病人是一位三十多岁的女士，被诊断为严重的双相忧郁症（Bipolar Depression）。她时而情绪低落，时而情绪高涨，割手腕、服毒、多次企图自杀。

第一次家庭会谈时，她源源不绝地描述着少时父母怎样在她面前争吵，甚至动武。她的父母在旁听着，面露惊讶，彼此摇头相望，好像十分怀疑她的故事。

当时我想：这位女士怎么如此专注于一些连父母亲自己都记不起的旧恨？

问起她的父母亲来，前尘往事，恩恩怨怨，由母亲嫁入夫家开始，就一宗宗地积累起来，一段四十年的婚姻，一积四十年长的恩怨。

罪魁祸首，都归咎于父亲与原生家庭的密切关系，尤其是母子情深。本来是很好的一件事，却造成婆媳纠纷、夫妻失和、女儿成病。

丈夫说："母亲由艰困的旧时代含辛茹苦，好不容易带大一群儿女，怎能让她再受下一代的委屈？"

女儿也说："父亲只爱祖母，让母亲嫁入婆家一直没有好日子过，长年的心结,让媳妇难以舒展,怎能让她活得那般窝囊?"

每一代人都维护着自己的母亲,结果是一代人的不开心,成为下一代人的不开心。

从家庭关系的角度看女儿的精神病,她并不是为自己而病,她为的是整个家庭而病!

一年后,我到台湾讲学时,这家庭又来找我,也是一家三口一同出现。

女儿报告:上次见面后,开始明白自己实在过于投入父母亲的矛盾,不知不觉地背负了上两代人的恩怨,完全忽略了发展自己的空间。

这次她坐在一旁,冷眼看父母,尽量不加入他们的战场。

没有女儿在旁调停,父母吵得花落水流,一发不可收拾,国语、台语、身体语言,还加上咒语,铿铿锵锵好不热闹,我大部分时候都听不懂他们在吵什么。其实吵什么并不重要,夫妻斗嘴,大部分都是芝麻绿豆的事,旁人很难理解,而局内人却争得你死我活,要让他们停止绝非易事。

等了好一会,他们吵累了,我问女儿:"他们经常是这样难分难解的吗?"

女儿说:"他们讲的都是火星人话,别说旁人,连他们自己都听不懂,多年来,总是靠我去做翻译!"

女儿的话,同时也解释了她的发病! 一个从小就要为父母做翻译的人,真正就是家庭治疗家 Murray Bowen 铁三角理论的引证。数十年的生命,没有自我,只有忠心地为父母关系的矛盾作平衡,那是一个忠心女儿的悲剧。

隔了几年,这次我到台湾,又再一次见到这个家庭。

此时的女儿,正努力地为自己建立一个成年人的正常生活。虽然仍与父母同住,但是再也没有发病,还到医院去当义工。

她说:"看到病人失控时,被员工捆绑起来,拉屎撒尿也去不得。想起自己也有过同样的经历,十分为病人打抱不平。"我心中为她高兴,她终于有了自己的声音了。

没想一提到父母的近况,她的情绪立即又激动起来。

原来父母正面临另一家庭危机:祖母患了老年痴呆症,父亲下了很大决心,终于忍痛把她送入老人院,疗养费用由谁人来支付?妯娌之间又起纷争。

由于同胞中没有人愿意分担祖母的经济开销,父亲便把女儿给他用作旅游的钱,补贴了自己母亲。

女儿知道后,恨得牙痒痒,追着父亲不放手,父亲不敢作声。但是他愈不回应,女儿就愈加激动。原本以为已经成功抽身的女儿,为此几乎又一次精神崩溃。

她解释说:"父亲这辈子总是亏待自己,一生连出国玩一次的机会都没有,我们辛苦挣来的钱想请他到美国旅行,结果他却偷偷给了阿姨,支付奶奶的费用。"

原来她还有一个妹妹,本来已经离家生活,但是一听到家中有事,还是赶回家来。对于资助祖母疗养一事,明显地两个女儿都是站在母亲这一方,认为祖母不能只由父亲负责,家族里其他人都死尽了吗?

女儿也明白父亲的心意,明知他是孝子,不会与弟妹计较。说实话,她也不知道自己在急些什么,只是无法控制自己高涨的情绪。

照道理,儿子把钱都花在老妈身上,最肉痛的应该是妻子。只是这一回,妻子不像上次会谈那样,与丈夫大动干戈。反而合上眼睛,在重要关头才加上一两句话,由得女儿打头阵。

女儿声泪俱下，不断向父亲细数自己的感受。她说："你上次动了手术，在医院奄奄一息，你可知道我们有多伤心？你心里究竟在打什么主意，为什么总是自我收藏，不对我们说？"

父亲不语，她的怨气全发出来了，骂道："你再这样，我们都搬走，任你自生自灭！"

我问她说："你母亲都不急，你究竟在急什么？"

她莫名其妙地望着我，愣了一愣。

我提醒她："你答应过一定会管好自己的事，别又拿自己来出气。"

她倒爽脆："我保证绝对不会！"

父亲听了她的话，好像放下心来，说："我不对你说，就是怕你又发病。我知道你们都是为我着想，但是我与弟妹的事，必须由我自己解决。那是我的母亲，我必须以我自己的办法处理，你们为我着急，只会把我逼得更苦。有一些事是属于我们上一代的问题，并非你们做女儿的能管得着。"

老爸终于说出他的苦处。

女儿听了，问："那你为什么不早说？"

其实父亲的心事，她怎么会不明白，只是长期卡在父母的冲突中，她也分不清哪些是母亲的主张，哪些是她自己的主意。

角色混淆，分内事与分外事界限不明，情绪的接收与发送就更是阴差阳错。这个问题，母亲并非没有看到，她为什么老是闭着眼睛，就是因为知道丈夫肯听女儿的话，却拒绝她的唠叨。她说："我合着眼睛都看得清楚！"只是他们都没有看到，当夫妻不能沟通时，也就是铁三角缺口的时候，女儿就很难拒绝它的邀请，必然自动介入填补那个空隙。

怎样照顾一个老人家，原是很多家庭必须经历的一个自然旅程。只是这一阶段，也往往勾起潜在历久的千愁万恨，甚至把几代人的疮疤都重新挖破。

女儿费了九牛二虎之力，才成功地走出精神病人的角色。面临这个家庭危机，她又不由自主地投入家庭的暗涌。

好在这次父亲终于向她表态，划出自己的界限，她才突然觉悟，愕然感叹："我以为自己已经可以抽身，没想到仍然是那么身不由己。"

这并不是说我们不要为家庭操心，但是，何时关怀，何时抽身，如何在多层次的家人舞步中找到平衡，却是一宗难以把握的大学问。

# 家 庭 的 舞 台

奇夫是个典型的纽约舞台演员，一头时尚而又稍为零乱的棕色短发，一身裁剪得体而又满是皱纹的纯麻衬衣，一口清脆容易入耳的英语，处处都表现出一种十分刻意的不经意。

我们每年在纽约的暑期训练班，都会邀请一些舞台演员扮演不同的家庭角色，作为家庭治疗师的训练情境。

这些由演员组成的家庭，让受训的治疗师可以安心地探讨每个家庭的故事，而这些舞台演员，也希望通过治疗师那抽丝剥茧的访谈，体会各种人际关系的冲击与表达。

奇夫就是今年参加扮演家庭的演员之一，这虽然是他首次参与，但他却比另外两名老演员都显得积极。老演员，并非针对他们的年纪而言，苏珊其实是他们三人中最年轻的一员，只是她与亚祖一样，已经是我们扮演家庭故事的老手。

我像以往一样，首先与他们商讨策划一个怎样的家庭结构。奇夫抢着说："演一个父子矛盾的家庭！"

他指着年纪最大的亚祖，说："你做我的父亲，我们常年不和，自从母亲去世后，我们更是势不两立。"

他又说:"我所做的每一宗事,在你眼中都是不值一提的,现在我与苏珊成婚了,你也不能接受……"

苏珊很自然地就入戏,她说:"而且我已经怀孕五个月,你同不同意也由不得你说。"

三言两语,一个家庭就这样成立了。

治疗师面对的困难,就是怎样投入别人的家庭系统,从而了解每个家庭成员的互动关系,尤其当家庭出现矛盾的时候。如果过于横冲直撞,就会愈帮愈忙,如果过于小心,又会搔不到痒处。

奇夫与亚祖一坐下,就吵个不停,谈的都是陈年旧账。

亚祖:"你无论作什么决定、做什么事,都几乎是冲着我而来,分明是想把我活活气死!"

奇夫:"什么都是你,你有没有为别人想过,你以为一切都是以你为主吗?母亲在世时,你就是这样对她,总是以你为中心,你有没有尊重过她?"

亚祖:"我与你母亲的关系并没有不妥,你不能只听她一面之词……"

父子没完没了地,苏珊这个新加入的成员完全插不了话。

奇夫:"你们没有不妥?那么,在她临终时,你为什么不在身旁?是谁拉着她的手,呵护她,送她走上最后一程?……"

奇夫说着,声音都哽咽了,眼睛闪着泪光,不知道他是演得投入,还是别有感触。治疗师安慰他说:"你一定很爱你的母亲!"

奇夫找到新的攻击目标,狠狠地回答:"那还用得着你说吗?有谁不爱自己的母亲?"

治疗师吃了一闷棍,一时不知如何继续。好在苏珊立即前来抢救,她温柔地拉着奇夫的手,对他说:"还有几个月,我们的孩子就要出生,我希望我们会为他建立一个和谐的家庭！"

奇夫也对她承诺："我们一定不会把上一代的矛盾带到下一代！"

话是这样说，但是孩子没有诞生，已经成为上一代的矛盾焦点。他们说，这次三个人一起前来接受辅导，就是因为苏珊坚持：如果爷爷不能接受自己这个媳妇，她也不能接受爷爷亲近孩子。亚祖却说："孩子是这家族的延续，怎能没有我的参与！"

他对苏珊说："也许我起始实在对你有点抗拒，因为对你不认识，总是认为你对奇夫是个坏影响，我在这里向你郑重道歉，请你不要再生我的气。"

苏珊还没有回应，奇夫便抢着答话："你永远都以为道理在你一方，一切都要由你控制，一切都要听从你的主意……"

父子又再回到母亲在世时三人之间的种种纠纷。

家庭就是这样奇怪的一回事，总是重复又重复着不同的互动形式：沉迷于一些过去的不幸事件；以各种伤害自己及家人的方式，为另一些存在或已逝去的人投诉他们的不幸。

家庭也是一个舞台，每个人的角色及台词，都是一早就为我们预备好了的，只是我们自己不知道罢了。如果你留心亚祖与奇夫的对话，就会发觉这是父子之间经过长期训练不停上演的剧目。反映的不单是父子情结，那同时是父、母、子三人的微妙穿插。

因为上映过无数次，因此即使当中有人有所改变，也不会受到注意。例如，奇夫不断投诉父亲专横霸道，但是当亚祖对苏珊提出道歉时，他却完全没有察觉。因为他习惯了父子的相处方式就是互相攻击。

治疗师问他说："你老是认为父亲不讲理，你没有留意他刚刚向你们道歉吗？"

奇夫十分迷惘:"有吗? 我怎么没有听到!"

这也是个有趣的家庭现象,我们总是要求对方改变,但是当对方真的改变时,我们又会不自觉地把对方打回原形,结果谁也不能突破。

其实苏珊的加入,是一个好机会,因为她为这个家庭带来一个新角色。一个孩子的来临,也会带来一股新气象,让每个家庭成员都要重新反省自己一向扮演的角色与期待。

这也是一个脆弱的关键,如果处理不好,矛盾就会一代一代以各种不同形式继续出现。但是怎样才算是处理得好,却没有一定的标准。

困难就出在这里,因为家庭不是一个人的体制,任何一个人的准则,都不可能适用于全部人。随着家庭的成长,每个人都要学习怎样配合、要求及妥协,满足自己及家人的需要,那是一种不停的学习。

尤其要有自知之明。奇夫就是个好例子,他一方面要打破上一代的成规,但是他不知道,他也像他父亲一样,完全没有让妻子有发挥的余地,若干年后,他的孩子也有可能同样地重复他与自己父亲的对话。

这本来是一个训练治疗师的习作,由于奇夫的投入,把这父子相争的角色,演得十分感人。

假到真时真亦假,到最后,我们谁都不知道这一家三口究竟是现实还是虚构。

治疗师与演员都情不自禁地全神投入这家庭的舞台。

临别,我们特别恭维奇夫的演技,只是谁也没有问他,他扮演的究竟是一个特定的角色,还是他自己的故事?

因为那答案一点也不重要。

# 为 家 庭 疗 伤

我一年前就见过这家庭。这次见面,十七岁的长子劈头就问:"你觉得我妈真的有改变吗?"

这是一个有趣的问题,让我一时不知如何应对。

"我妈真的有改变吗?"这不单是儿子对母亲的挑战,也是这青年人对治疗师的挑战。

虽然这一年来,母亲有自己个人的治疗师,但是我一直都在背后跟进着这个家庭,也看过一些母亲与治疗师谈话的记录。一直以来母亲都是十分进取,为了孩子她愿意作任何牺牲,这绝对不是一个不称职的母亲,反而是三个孩子的行为让她难以应付,两个小的尤其事事与她作对,大儿子一向置身事外,怎知这次见面,他第一件事就是给我们出难题,让我们不得不慎重地加以思考!

这是一个单亲家庭,一场惊天动地的离婚,时过两年,仍然像个随时会爆炸的火药桶,总是跟随着这一家人。

记得一年前见面时,三个孩子吵得让我们无法交谈。你一言我一语,母亲完全无法应付,没有一句话不被打断。二弟与小妹尤其难缠,他们中间任何一个小动作,都会引起对方的反应。表面上这兄妹是在不断地互相攻击，实际上是形影不离。那时候大哥对两个与他年龄相仿的弟妹，很是看不过眼，但是他埋怨的对象却是母亲，认为她管理孩子太不济事。

怎样收拾这婚姻破裂后的残局，真是谈何容易。

过了一年，三个青少年都长了一岁。看来行为都成熟了一点，母亲也觉得自己可以稳定下来，却因为前夫争取孩子的抚养权，表面的平静又起波澜。母亲认为父亲对孩子会造成伤害，不让他们接触父亲。但是专家意见却认为这只是父母之间的纠纷问题，因此给孩子另外指派他们自己的法律代表。

法律上的程序是界线分明，但是孩子夹在父母间的恩恩怨怨中，却并没有因此而变得明朗。由于年龄关系，法律上的争议只涉及两个未成年的弟妹。本来可以置身事外的哥哥，却一反常态，在此时追问母亲有无改变。

客观说来，母亲好像是没有以前那般执著，她对两个小儿女说："无论你们怎么决定，我会尊重你们的意愿，我也不希望你们对父亲怀恨，那毕竟是你们的爸爸！"

她说得很有诚意，但是两个孩子却没有反应。是不信任她吗？还是别的原因？一时很难断定。

我只好从哥哥的疑问入手。

我回答他说："我看你母亲真的是作了很大的调整，在言谈上实在有很大的改变，能否真的做得到，可就难说了。"

我不知这青年人的提问是否真有答案，但是我知道绝对不能敷衍了事，只有从实回应。

我反问他为什么会提出这个问题，他说，因为快要出国升学了，他担心自己走后，母亲没有足够能力应付两个弟妹。

这是一个难得的机会，我赶快让母子坐在一起，讨论一下这青年人离家前的忧虑。

我第一次见到大哥这样积极地向母亲提出他的心意，他说："弟弟这种自以为是的行为，你必须要立场坚定，不能让他蛮横无理，他心中其实也是相当苦恼，只是不知道如何自制……"

弟弟在旁不停抗议，大声叫嚷："你以为自己是家中的智者吗？你以为自己的一切就是正确吗？"

小妹在一旁没有说话，却把室内所有东西都翻转过来，发出很大的噪音。

母亲全无办法，忙着向大儿子表白自己已经尽了全力。

母亲一年来的修身养性，一霎间便被三个孩子尽废功力。

没有一个人可以成功地应付三个同时对你发难的孩子。我建议母亲叫两个小的如果不想参与这个谈话，可以先到别的房间去等候。

小妹真的趁机跑掉了，小弟却非要母亲把手表立即拿给他不可。母亲不肯让步，叫他先离开再说，小弟站到她面前，严词以对，母亲望向我们求救，我们不动，她最后还是坚持要小儿子离场。小弟咆哮了一回，不得要领，终于乖乖地走出房间。

母亲说："我在家里完全斗不过他。我不依他，他就会像疯了一样。"

大儿子冷静地回答她说："你不是做到了吗？你刚才不是做到了吗？"

母亲对儿子的鼓励好像无动于衷。只见她心事重重，漠然地听着儿子的话。

大儿子继续开导母亲，说："我们每个人的需要都不一样，不必同时照应每个人的要求。"

他又说："你不必那么重视他们的反应，否则不单会让弟妹有机可趁，完全不听管教，还会反过来对你诸多责难，说你唠叨。"

我问大儿子："你自己呢？你都快离家了，除了谈弟妹的管教，你没有别的话要向母亲说吗?"

他答："妈妈能够管好弟妹，我就放心了。"

这个一直以来不多话的青年人，原来对母亲是如此放心不下。母亲一向埋怨大儿子不肯帮忙，我想她应该很高兴听到孩子这一番肺腑之言。没想到她只是反复地说："我已经尽了全力，我已经想尽办法！"

她好像完全无法接收儿子的谈话。只见她一脸迷惘，好像漂浮在云雾当中。

这是一位长得十分秀气的女士，千辛万苦撑起一个单亲家庭，但她是伤痕累累，明显地，婚前婚后都没有人相信她的能力。对着三个情绪复杂的孩子，她更是情难以堪。只惦记着保护孩子，却没有注意到孩子也一样在保护着母亲。

我开始明白，为什么几次见面，大儿子都认为与母亲谈话是白谈，所以一直把自己收藏起来，而小儿子与女儿却是不断引她注意，表面看来是挑战她的权威，骨子里却是迫使母亲从云雾中回到现实。

一个被婚姻打残的母亲，孩子一方面不知不觉地也会像父亲一般继续向母亲施压，一方面又会很自然地向母亲伸出援手。爱恨交集，其实他们最渴望的是一个能够向他们发施命令的母亲，重整一个踏实的家庭环境。

家庭是个多层次的舞台，每掀起一道幕帘，都会出现一个不同的场面。家庭也是一个有生命力的体制，只要给予适当的支持和谅解，它就会发挥自己的动力，而无论看来多么不可理喻的孩子，原来都是以各种奇怪的方法为家庭疗伤！

# 为港孩伸冤

港孩，是一个有趣的名词！先有港女，后有港男，现在又有港孩，究竟香港孩子是怎么一回事？

把人分门别类，也许是港人的习惯。但人是活在关系网络中的动物，人与人之间是互相关连和彼此依赖的。如果说港孩是一些备受保护、不知人间冷暖、自以为是的孩子，那么，必定有人在背后扯线，为他们布下天罗地网，让他们一步步就范，才会培养出如此让人费解的一代。

这些得天独厚的孩子，从小就不用为任何事情烦恼，他们享受着这个经济繁盛的大社会环境，不必为任何需要张罗，不必思索——饭来张口、衣来伸手，唯一要做的事就是读书。但是即使是学校的事，也多是由父母代为解决。

很多母亲都说，教孩子做功课是一项苦差。为什么是苦差？当然是因为费尽心机，而孩子却毫不起劲，像是拉牛上树，实在费劲！但是她们很少会停下来想想：做功课是孩子的事，如果母亲比孩子更卖力，那就是等于母亲在读书，而不是孩子在读书。

严父慈母这个形容词，在港女港男的结合中再也不一定管用。不知何故，在教孩子功课方面，母亲往往比父亲更严格！这也是造成父母矛盾的一个导火线。母亲处理不了孩子,自然就会埋怨父亲不负责任,只顾与孩子玩耍;父亲却觉得做功课不是打仗,不用步步为营,怪责妻子过于执著。

这样说,孩子应该与父亲较为密切,互相联盟。事实却偏偏相反,不被母亲认同的父亲,孩子也不会对他尊重。结果是孩子的问题,谁也管教不来。

这些凌驾于父母头上的孩子,他们养尊处优,却往往无法发展自己的个人兴趣,反而把全部精力集中在父母身上,很容易被卷入父母的情绪。

有个孩子形容他母亲的眼睛,像是两盏大光灯,老是跟着他射去。他无论做什么或不做什么,总是感觉到母亲的侦察。

避不开母亲眼睛的孩子,一般都不知道是为自己读书,还是为母亲读书。发展不了自己的独立心态,就只有混沌一片,除了与父母纠缠,对外面的世界很难产生兴趣。

孩子长大的过程中,需要很多自我发展的空间。儿童时期是一个从玩耍中学习的时期,对天地万物应有一种好奇。青少年阶段是个探险的阶段,他们需要冒险,要探索天下事,慢慢才学会对人对己负责。这个学习做人的过程,一旦被剥夺了,孩子就很难根据年龄需要而自然发展。

如果真有"港孩"这一回事,那么我认为那都是一些落在他们真实年龄后面的孩子,无法成长。

长不大的孩子,其实是十分痛苦的,四肢发展,心理上却是一个"侏儒",比常人矮了一大截。

无法适应外面世界的原因之一,是因为这些孩子在成长路上,大部分时间不是与父母亲纠缠,就是卷入了父母矛盾的旋涡,全部精力放在父母身上。这些孩子,往往成为父母的专家,对家庭内的人际问题了如指掌、观察入微;但是对自己的事或世界大事,就漠不关心。他们最容易演变成隐蔽青年。如此看来,激情的"八零后"并非坏事。

孩子的精神健康,是每个先进社会都极度关注的项目。但是我们这个太注重孩子的文化,却往往把关注集中在"教"与"养"方面。

并不是多花时间在孩子身上就能解决问题,怎样有效地利用共处的时间才是关键;也不是不断向孩子灌输上一代的价值观就能够成功,言传身教,才是基本因素。而且孩子不能缺乏自己尝试的机会,反叛是成长必须经过的里程,因为如果分不出两代的界线,就没有青出于蓝的机会,只能乖乖地被前人牵着鼻子走。

有趣的是,大部分临床治疗的例子,都是一些脱离不了父母的孩子。离不了家,就会产生各式各样的行为问题,精神困扰,及千奇百怪的身心症。

很多人以为这是孩子本质有问题,他们忘了孩子是家庭和大社会的产品。

最近看到一对父母,为家中几个孩子不停争吵。尤其是长子,父亲说,等他一到成年就要把他赶走,急坏了那不断为孩子担忧的母亲。

父亲觉得母亲宠坏了孩子,让自己无法有效地做父亲;母亲却觉得丈夫对孩子过于严厉,非得扑身保护孩子不可。父母彼此造成的僵局,孩子只是烦心,他们全部显得无精打采,让父亲看了更是怒气冲冲,而母亲愈加包庇。

无论是逼着孩子读书的虎妈,还是渴望儿子顶天立地的虎爸,他们都忘了一个很简单的道理:父母之间如果没有一定的协调,无论单方面的方式如何厉害,都是行不通的。况且,这也不一定只是教子方式不一致的问题,夫妻间必定有更深层次的矛盾,才会发展成如此各自为政。

偏偏是很多父母都说,彼此之间并无大问题,都是孩子让他们无计可施,才变成这样!

你看,连最爱孩子的父母,都会把矛头指向孩子,而不是趁机自我反省。孩子如果出自暴力家庭,就更加是有理说不清了。

记得看过一篇好像是法国文豪莫里哀的散文,描述一个小孩子坐在屋后等候他那做妓女的母亲见客后,出来井旁打水梳洗的心态,用孩子的第一人称书写。如此惊人的情景,近代人一定当是虐儿处理。但是那篇文章十分平和,充满童真,让我久久不忘。

也让我想,究竟什么才是孩子需要的环境?

我相信,无论家庭贵贱,必须要有一种和平心态、一种平常心。父母彼此之间有一定的互相尊重。家庭有共同时间,也有个人自己的空间。

最重要的是,有矛盾不要紧,但是不能成为内伤!因为一个苦涩的家庭,必然不会长出快乐的孩子!

一个苦涩的环境,人人都应该避之则吉,偏偏是困在这里面的孩子,总是无法抽身!在这个重视家庭的文化氛围下,我们更加要明白,港孩,不过是家庭和大社会的一面镜子。

# 找 寻 欢 笑 的 家 庭

在北京见到一个青年人,十九岁了,仍然与母亲同床,父亲完全没有办法把妻子争取回来。

据说儿子五岁的时候,父母亲有过一次激烈的争吵,当晚丈夫没有回家,孩子便上了母亲的床,安慰那悲哀的母亲。只是从此以后,儿子便霸占了母亲的床!

青年人十分困扰,感到无法思考,但是当母亲要走开时,他又完全失控,要生要死。

我正在百思不解这个如此极端的 Freud 恋母情结,怎会在二十一世纪的北京出现,回到香港,立刻又遇上另一个版本。

这家庭有两个十分可爱的小兄弟,一个四岁,一个两岁,据说大儿子也是寸步不肯离开母亲。

在会谈室内,两个孩子真的是跟母亲亦步亦趋。尤其大儿子,父母无论以什么方式,都无法把他带到邻室去与弟弟一同玩耍。但是他并不顽皮,反而是静得离奇地靠在母亲身旁,十分用心地听着大人的谈话。

孩子的父亲说:"我看我儿子对母亲的依附,完全是我与自己母亲问题的翻版!"

但是儿子只有四岁,父亲已经三十多岁,究竟是如何的一个翻版?

据他解释,自己是长子,下面有一弟一妹。自小父母不和,母亲全部心意都寄托在他身上。

他说:"一直以来,都是母亲说什么,我们就要做什么。我们要买房子,母亲指定要买在她的隔壁;我们要结婚,母亲指定要娶谁。"

儿子有了孩子后,母亲也指定由她自己来带——两个小兄弟自小就跟着奶奶,他们长得惹人喜爱。母亲与另外两个儿女的关系不顺畅,因此经常利用两个孙儿去吸引他们多多回家探望。

两个孩子如此年少便成为家族中的一个"外交筹码",很快就发生行为失控、拒绝上学等问题。

小夫妻于是决定把孩子带回家来自己管教,妻子也因此辞去工作,全职做母亲。如此一来,便展开了一个三代家庭的战场。

其实这是一个四代同堂的家庭,还有一个太祖母。只是焦点都放在中间两代人身上。

父亲又说:"自从把儿子接回家来,我母亲(孩子奶奶)就一直没有停过骂人,一骂就骂一两个小时。说我们不孝,说我们把她隔绝。都已经街知巷闻,连楼下的凉茶铺都知道我们的家事。"

闹得严重时奶奶就要自杀,几个成人也按她不住,连太祖母都无法说服自己的女儿。两个孩子更是大吵大嚷,哭着要奶奶,而奶奶也会随时出现在门外要把他们带走。如此闹了大半年,情况并没有好转。父亲说,这次要求见面,是希望有人能够说服奶奶,不要继续如此激情。

这次本来一早就安排了全家人一起出席,但是奶奶临阵变卦,不肯来了。她对儿子说:"来了也没用,我只会像疯子似的骂你,让人见笑!"

我想,这位老太太很有自知之明,怎么她的儿子认为她是如此不可理喻?

老人家不在,其实是个让小夫妻好好商量家事的良机。妻子看来对丈夫十分支持,连他要求她好好站着挨婆婆骂,她都没有反对。但是当妻子提议丈夫不必过于焦虑,处理母亲并不是他一个人的责任时,丈夫却绝不赞同。

原来男人虽然对母亲的问题有很明智的分析,但是一旦提到要放下母亲,他便感情流露,不能自己。他虽然成功地把儿子带出奶奶家,心中却并不踏实,唯恐这样下去,自己母亲会出事。甚至正在考虑要妥协,把孩子在午间休息时交回奶奶管教。

妻子劝他说:"我们不是一早就讨论过这问题吗?弟妹都说,母亲也要学习对自己负责,不能老是将就她,如果她真的失控,只有把她送去医院。"

丈夫开始生气,恨恨地说:"他们倒说得潇洒!"

妻子又说:"这也是不得已的事,起码可以保护母亲的安全,而且两个孩子才安顿下来,现在改变计划,结果会更糟……"

丈夫又恨恨地说:"你也说得潇洒!"

这个被视为置母亲于不顾的长子,原来是个最放不下母亲的儿子!

母子之间的微妙关系,真的不是外人容易了解的。只是这个情结,却关连着三代人的命运。

父亲说:"我现在最关心的就是不让两个孩子重复我自己的经历!"

他这种决心,是否足够让他把自己从母亲那难分难解的心结中释放出来,重新建立一种新关系?这将是一个重要的关键!

这才发觉,这位男士一直无精打采、情绪低落,已经因为忧郁症而常年服用药物。

我对他说:"我们是孩子的时候,父母的话都很重要。但是当我们长大了,父母就渐渐地变成我们的孩子,需要我们有不同的处理。也许你仍然用儿时的眼光去看自己的母亲,才会把她看得如此威力无比!"

我正担心,他是否也会骂我说:"你也说得潇洒!"好在他并没有什么反应。

其实要求一个孩子放下母亲,与要求一个母亲放下孩子,都是天下间最困难的事!明知不可为,反不如加强这男士对下一代的关注,让他不必终日把母亲挂在嘴边。

追问之下,才发觉这小家庭除了祖母外,就没有其他话题。好在这妻子是个十分开朗的女士,一直用她的乐观,抵挡着丈夫的阴霾满布。

她说:"我只希望他多笑一点!"

愁眉苦脸的丈夫说:"完全没有值得我一笑的地方!每天起来,就只留意昨天的股票跌了多少;环顾家中大小事项,没有一宗不让人烦恼;正愁着今天有什么事需要跟进,一个电话打来,立即就要赶去看看老妈又出了什么事……再看看自己的身体,不是这里痛,就是那里痛,有时胸口痛得不能呼吸,连可以活多久都不敢想。"

父亲没有留意,当他说到自己身体的毛病时,躲在母亲身后的儿子就立即颤动了一下。我突然明白,为什么孩子不肯离开父母,如此愁云惨雾的一个家庭,让小朋友怎能放心?别说是三代间的矛盾,单单一个如此悲观的父亲,就让谁都放心不下。

我对他说:"我要给你一个挑战,无论生活有多不如意,都必有值得我们开心的地方。下次见面时,我要你与妻子一同想办法,给你们的孩子找到一点做人的乐趣!因为你是一个有两个孩子的父亲,小孩子需要一个有阳光、有欢笑的家庭!"

他第一次露齿,终于笑了!

要解决三代的恩怨,最省事的是先从新的一代开始。

# 孩 子 会 聆 听

与侄儿六岁大的儿子玩了一天,然后一家人到酒楼吃饭,正吃得兴起,小孩子突然静下来,满面忧愁。原来他突然想起忘了一项功课。

孩子走到母亲身旁,看看母亲怎么反应。母亲却继续与大人谈话,没有理他。孩子又走到父亲身旁,父亲只用手抱他一下,没有问他功课。

孩子回到自己座位,捧着脑袋自己思量。

我问他说:"你的老师凶吗?"

他答:"老师不凶!"

我又问:"既然老师不凶,你为什么如此发愁?"

他很诧异地反问我说:"我本来以为功课都做完了,现在漏了一份,就不算齐整,多么别扭,老师不凶又怎样?"

孩子的话,让我十分惭愧,原以为孩子是怕老师才做功课,其实他是过不了自己那一关。

这让我想起一部叫《黑豹事件》的电影。剧中人带着一套象棋出差,后来发现在酒店遗失了一枚黑豹棋子,便发了一个电报给酒店店主,要求他去找,结果惹出一场风波,被误以为是间谍。后来真相大白,有人问剧中人:"一盒棋子只值一块半,发个电报却要花两块钱,你为什么不买一盒新象棋算了？干嘛要发出这一份惹麻烦的电报?"

那人回答:"好好的一盒象棋少了一枚,不找回来怪别扭的!"

为了不想觉得别扭,有些人会做些常人不能理解的事。那是一种赤子之心,一种对自己的执著。

从侄儿孩子的反应看来,这种心态在小孩子身上是很自然的,但是能否保持到成年,却是一个有趣的问题。不知道什么时候就可能消失了。

近代社会建构主义(Social Constructivism)的理论,认为人的思想及价值观,都是被社会塑造而成形的。那是一种潜移默化、一点一滴的塑造。当我问小孩子既然老师不凶为什么他那么发愁,也就是不知不觉地在孩子的心中,放下一粒种子,培植一种观念:老师凶不凶,是我做不做功课的理由。

一个孩子在成长过程中,不知道要接收多少外来的信息。有用的、没用的,甚至有毒的,孩子要有很大的分析能力,才可以抵挡得住。

百老汇有一出音乐剧,叫作《在森林里》(Into the Woods)。其中有一句发人深省的歌词:"我们要小心说话,孩子会聆听!"

问题是,无论怎么小心,大人的话,总是会传到孩子心中,大人内心的焦虑、不安、苦涩、偏差及小心眼,也会一起传播。

怪不得很多人都说:孩子生下来都是画画天才,但是长大了,受了太多社会的教化,就再也画不出童真,而毕加索的艺术,就是一把年纪仍然画得出儿童的画。

我的一项临床研究,就是观察孩子对父母关系的反应。发觉十岁以下的孩子,他们的反应都是比较直率,毫无修饰,却是观察入微,父母的一举一动逃不开他们的眼。但是十岁以上的孩子,却往往口不对心,面对父母的冲突,虽然身体上记录到明确的生理反应,例如心跳加速或汗液增加,嘴里却往往否认,什么事都说"没有关系"或"没有留意"。

为什么孩子与青年人会有这样大的分别？其中一个解释就是:孩子的情怀仍然是直接的,他们对大人仍带有一定的信赖,觉得有话可以直说,表达也就不必转弯抹角。但是到了青少年阶段,大人再也不是他们心中的理想人物,大人的毛病他们更是一览无余。所谓反叛时期,不过是因为把父母的行为及价值观都看透了,再也不肯让大人牵着鼻子走。而且愈离不开父母的青年人,就愈会与父母作对,那是寻求挣脱的一种现象。

加拿大一位著名的儿童作家 Alice Munro 有一篇文章,描述一个青年人在祖母葬礼上,怎样观察着家人的互动:父母亲怎样在哀伤之余,仍不忘向对方放冷箭;大人们怎样利用各种借口来自我膨胀;亲属中怎样百般做作,隐恶扬善;以至诗班歌颂时,男人的大肚皮,女人的双下巴,都尽被收入青年人的眼底。

这篇文章好像有些残酷,但是青年人的眼光就是如此敏锐,不然他们无法与父母分离,建立属于自己的世界,即使当他们自己成为社会中坚分子之后,也会变得像他们本来反叛的父母一模一样。

孩子是一张白纸,字都是别人写上的。怪不得青年人费尽心思想把别人写上的笔迹删除。

孩子也是一面镜子,他们身上反映的正是周边环境中的重要人物及大社会的缩影。

像那六岁的孩子,为什么他可以捧着脑袋,自己思量？正是因为他的父母给予他足够的思量空间,没有过分为他张罗,孩子自然学到一个理念:功课是他自己分内事,需要自己解决。那些让父母牵肠挂肚的孩子,往往是背后有一对精神紧张的父母——他们大都行动快捷,说话流畅,问题是,他们愈能干,孩子就愈反应迟钝,孩子愈不起劲,父母又愈更努力,结果功课成为父母分内的事,孩子只是陪衬而已。

过分亲子,是一种时代病。

临床工作中,绝大部分的儿童问题,都是基于他们与父母关系过于紧密,缺乏适当的成长空间所导致。其中很多所谓孩子的过度活跃症,我们往往会发觉父亲或母亲比孩子更为活跃,奇怪的是,吃药的是孩子,而不是大人。

当然,有父母会反问:"难道我们真的放手,孩子就会不再依赖?"

问题可不是那么简单,如果孩子与父母都习惯了与对方周旋,即使有一方放手,另一方也绝不会罢休。当父母真的要放下孩子时,孩子一定会变本加厉,把父母抱得更紧。同样地,当孩子想独立,父母的满腔情也会无处可依,让他们欲罢不能。

父母与子女的亲情,原是天下最值得珍惜的一回事,谁会相信亲情有时也会成为一种捆绑,让人不能动弹?

我看父母亲与孩子的纠缠,往往是基于对孩子的分内事与自己的分内事混淆不清,界线不明。

孩子的分内事是要做好功课,发展自己的知识和创意。父母亲的分内事,是要做一对合拍的夫妇,让孩子不必为他们的关系而操心,即使婚姻触了礁,也要设法做个开心快活人。因为孩子最大的心结,就是父母是否活得和谐适意。

人人做好自己的分内事,那就天下太平了。

# 看 母 亲 脸 色 的 孩 子

照道理,孩子长大了,不知不觉地就会离开父母。慢慢地,父母就会面对空巢的现实,重新调整儿女不在身旁的日子。这是一个自然的现象,随着孩子成长,家庭也会成长。

有趣的是,这个所谓自然的现象,往往都会出岔子。

最常见的,就是儿女放不下父母,父母也放不下孩子,彼此以各种理由或方法不断缚住对方。结果是儿女身上出现各种类型的毛病,尤其是身心症,让他们有充分借口不必离家。

如果父母长久以来心中存有焦虑,孩子就更难把他们放下。中国人常说"看脸色",原来脸色真的是很重要的。我们知道,有些表情对婚姻十分不利,例如:藐视、悲哀,及拒人千里的样貌,往往是婚姻破裂的征兆。对成人都有如此威力,而孩子天天对着父母,怎有不被影响的可能?

一个母亲告诉我,她每天去接儿子放学,孩子都会很着急地看她脸色。她说:"如果我心情愉快,孩子也就安心地去做自己的事,如果我有什么心事,孩子就会问:'妈妈!你今天脸色很不好?'"

母亲的脸色,就是如此成为孩子的情绪表,决定了孩子的安全感。

长期忧虑或悲哀的母亲,孩子的眼睛就会离不开她的面孔。我们叫这些孩子作 Parents' Watcher——父母的观察者,这些孩子经常为父母担心,他们最容易出毛病。很多拒学的孩子,都有这种眼睛老是往家里看的习惯,不能发展家庭以外的兴趣。

表面看来,这些孩子在行为上对母亲反叛,甚至专门与老妈作对。一个父亲对妻子与儿子温习功课,曾经作过生动的描述:"名义上是温习功课,实际上是打仗。一个愈急,一个愈不急。一句话写了又删掉,删掉了再写;拉牛上树,叫骂声不停。周而复始,让人不堪入目。"

温习功课往往是个战场,都说是孩子难教,事实上,那是母子互相拉扯。角色混淆,不知道是孩子在做功课,还是母亲在做功课。

因为离不开,才需要反叛。反叛是青少年必须经历的过程,不然放不下父母。当然,反叛也要叛得有技巧,如果只是与父母怄气,就会愈怄愈痴缠,结果更是难分难解。

你现在明白为什么青年人那么喜欢戴着耳机,听那震耳欲聋的音乐了。因为他们必须隔开成人世界的喧闹,尤其是父母亲的声音。

有个十五岁的青年人,很多人都以为他患有精神病,吃了很多的精神药物。直到他了解自己的情绪失控,与母亲的情绪失控,有着很深远的牵连,才知道需要与母亲建立一定的界线。

但是,他很快就发觉,自己与母亲的情绪长久以来已经难分彼此,此时要分割,真是剪不断、理还乱。

他说:"母亲怨没钱,我就不敢用钱,因为在每一张钞票上都看到母亲的面孔。"

最有趣的是,他不想再靠药物来维持情绪,但是每次与母亲发生瓜葛,就非得吃药不可。那就是说:要戒药,就得"戒"母亲。

他也说,从小他的眼睛就是习惯了看母亲的脸色,母亲的心态,他了如指掌。他的耳朵，也习惯了接收母亲的声音。即使隔了几层墙壁，也能接收到对方的气息。

一个由孩童时代养成的习惯，让他无从抵挡。即使当母亲自寻出路，走去唱粤曲，他也不由自主地大肆反对。

据他解释，母亲唱戏唱到大半夜，两个大喇叭对着他床头的那道墙，一波波声浪穿过墙壁向他耳膜轰炸。

多么有趣，青年人的耳膜理应是让自己选择的音响振动，而涌入这个青年人耳膜的，竟然仍是来自母亲的戏曲声。

我笑他说："为什么不把床头搬到另一个角落？为什么不送母亲一对耳机，或者为自己配一对耳塞？甚至鼓励邻居去报警，投诉母亲扰人清梦？"

这青年从来没有想过自己可以有所选择。反而是母亲幽默地回应："儿子就是我的邻居！"

其实儿子不单是她的邻居，还是她的同伴，是她长期以来的支持、她的安慰。

不是这青年人不知道自己可以选择，而是他无法在那长期扮演的角色中抽身。

母子的关系，其实不是两个人的关系，而是父母子三个人的共舞。

明白这个道理，我们就知道不能只从母子着手。那个老是埋怨妻子与儿子不停角力的男人，才是关键人物。在这重要时刻，丈夫如果及时向妻子伸手，夫妻走开一会儿，吃碗云吞面去，让孩子自己收拾残局，是最好的方法。

问题是，在这关键时刻，男人大都只感到烦不胜烦，避之大吉。即使会帮着去骂孩子，心中其实也是派老婆的不是，要陪伴的话也宁愿陪伴孩子,结果让母亲更加感到孤独无援。

心中不痛快的母亲,自然就没有好脸色,孩子一看到那一股苦涩,自然地又会继续与母亲周旋。

家庭的关系就是那样地藤连瓜、瓜连藤。母子、母女都是同一道理。

这个现象,在父母及孩子三个人的鼎立关系中是最常发生的,也是家庭治疗的一个重要理论。家人如果知道这个道理,自己也能为这三人系统解码。方程式就是缩短夫妻的距离,拉长母亲与孩子的距离。让父母站在同一阵线,而不是母子相连,父亲反而落后在一方。父父、子子、君君、臣臣,各尽其位,角色分明,天下就会太平。

道理其实很简单,只是知易行难。

父亲如果想解救孩子,就得每天看着妻子的脸色,遇到天雨阴霾时,就要为妻子打气,那么孩子就自由了。

# 随 死 症 状

母亲抱着子女自杀的悲剧，实在让人难以接受，很多人都想为这些无辜的孩子抱不平。但是这些孩子的心态究竟是怎样的，却往往不是外人所能明白。

很多父母把孩子当作自己的一部分，有些要寻求短见的母亲，会认为带着幼小儿女上路，是最自然的一回事。自己走了，怎能把"骨血"留在人间。最让人想不到的是有一些孩子，也同样不能放下父母，他们竟然觉得如果母亲要走，自己也必须陪同，怎能让她一个人孤独地自己走入死荫幽谷？

我手头上的临床资料，涉及好几个青少年，平时都是沉默寡言、不善表达。只有在家庭的会谈中，听到母亲自杀不遂，对生命的种种控诉时，这些孩子在情不自禁之下才透露出心底的秘密。

有些父母喜欢用死来威胁孩子，动不动就说："你再不听话，我就死给你看。"

有一位母亲，真的自杀死了，留下字条说，"是被孩子气死的"。结果孩子也不得善终，其中一人，数年后也用母亲同样的方法，上吊自尽。

我常用这个例子,警惕一些过于冲动而口不择言的父母,希望他们加添一点理智,减少一分激烈。毕竟无论有天大的不幸,父母的天职仍是要保护孩子。令我惊讶的是,一次当我向一位服毒获救的母亲提起这个例子时,她那十五岁的儿子听后,挣扎了很久,终于对那依旧忿忿不平地投诉生不如死的母亲说:"我不会像那个孩子,过了几年才死。我当时就想,如果你救不回来,我要用什么方法,才可以陪你一起上路,总不能让你一个人走。"

不能让母亲一个人走,原来对于一些孩子是那么重要,那么天经地义!

另一个案例,也是一个十多岁的孩子,母亲也许嫌生活过于平淡,不时对女儿说:"女呀,女呀,我不想活了,不如你陪我去死吧!"

女儿答:"好吧,你想怎样死?"

母女二人相约寻死,就像约去买菜一般平常。二人走上居所后面一个山坡,打算一同往下跳,后来想想,山坡并不很高,万一死不去,反而摔断了双脚,岂不更糟?

于是母女暂时放下自杀念头,回家去了。

家中还有一个十一岁的小弟,他说,那天知道母亲与姐姐要去寻死,让他上课时一直在担心,直到返家看见二人回来了,才放下心来。只是不知道她们下一次又会打什么主意。

母亲说,这一切都是为了要报复丈夫对她的视若无睹,但是苦了的却偏偏是自己的子女。母亲不知道,她的死报复不了对她不关心的人,却会牺牲那些真正关心她的人。

希腊神话中的 Medea,为了报复丈夫的移情,就是亲自手刃了自己的一双小儿女。夺取了两个像天使般洁净的小生命,母亲自己也是痛不欲生。孩子成了代罪羔羊，只不过是为一段完结了的婚姻作祭品。

奇怪的是，即使母亲并没有要求，有些儿女也是这样毫无保留地打算伴着母亲上死路。

案例中还有一母二女，丈夫说无法忍受妻子，离家走了。母亲跟着割腕自尽，在医院抢救之时，一个女儿也跟着服下大量药物，被送入同一医院。

另一个女儿，奔走在母亲与妹妹不同楼层的病房间，她说："当时只有一个念头，就是怎样才可以跟上她们。"

她甚至考虑是否该到医院顶楼跳下。

这些例子中的子女都只有十多岁，生命如此宝贵，他们却只想随着母亲走入黄泉，这究竟是怎么一回事？

我与拍档吴敏伦教授谈起这个现象，他称之为"随死症状"（Death Follower Symptom）。我们也开始仔细地研究这一组案例。

这些孩子的家庭背景，大部分都有一个格格不入的父亲，一个对婚姻不满的母亲，父母的远距离，形成了母亲与孩子的难分难解。

这些孩子从小就与母亲为伴，有些甚至长年来与母亲同床，可见他们与母亲的不离不舍，是长期气息相通所养成的习惯。

我所提出的案例都是青少年，主要是基于他们在家庭会谈中所作出的表白。这些表白都是出乎我们意料的，我们也只是在家人叙述时，才偶然间积累了好几个例子，让我们有机会进一步去了解这个现象，我们相信，这现象在小孩子当中也必然存在，只是他们没有用语言表达出来而已。

案例中还有个六岁的小男孩，母亲基于婚姻关系的不稳定，数度自杀。这孩子伴着母亲，寸步不肯离开。父亲说："每次妻子自杀，都是儿子比我还早发觉。上次与儿子从外面进屋时，看见桌子上留了一张纸条，儿子就不由分说一口气冲到窗前，焦急地往下望……"

我问孩子："你以为妈妈想跳楼吗？"

他答："不是，是以为她已经死了。"

长期地为母亲的安危着急，孩子无法不像一块湿海绵似的依附着母亲。有时甚至惹得母亲十分烦厌，母亲一直埋怨男人对她不忠，却没有留心身旁那个对她最最忠心的小男人。

可以想象，如果母亲真的成功地走了，这小男孩也会理所当然地陪她上路。

有些自杀统计数字指出，当一个家庭中有人自杀时，往往会在同一家庭出现另一人的自杀事件。这些数据没有提供详细内容，我们相信这与我们所提及的"随死症状"有很大关连。

孩子与父母的紧密关联，在儿童心理学的研究中，有很详尽的报道。孩子天生地就是需要与母体或代替母体的象征建立密切关系的。在这过程中，双方会是气息相通，心意相连。而他们最大的恐惧就是被对方抛离。如果这段关系是让人感到安全的，即是被抛弃的危机感不强，孩子就会慢慢与母亲分体，较为独立地发展自己的空间。

遇上母亲寻死，孩子的震惊可想而知，他们的危机感愈高，心理上不安全的感觉就愈大，就会不顾一切去追随，最近报载一个母亲抱着孩子跳楼，女儿留下一幅母女同时流着眼泪的图画。母亲自有她伤心之处，但是一个四岁孩子的眼泪，却明显地是为母亲而流的。

愿所有爱孩子的母亲都知道，我们给予孩子的最大祝福，就是不要让自己的痛，成为孩子的痛；不要让自己的苦，成为孩子的苦，为孩子留一个独立思考的空间。

# 寻 找 父 母 的 孩 子

据说有这么一个故事：一个不愿长大的小公主，要求神仙教母不要让她长大。神仙教母说："人是不可以停留的，要么就不停长大，要么就不停长小，你只可以选择一项。"

小公主选择不停长小，结果她就一天长小一天，到最后，变回一个襁褓里的婴儿，然后消失。

不愿长大，是人之常情，但是孩童生活是否真的那般理想，却是让人怀疑。

毕竟孩子阶段是个依赖成人的阶段，活在大人的世界里，他们可以发挥的空间实在有限，怪不得上天赋予每个孩子一个丰富的想象力，让他们在那无助的岁月有个有效的空间去抵挡大人的强势。

孩子的日子，实在太多身不由己：父母过于宠爱，孩子就难以起步；父母过于凶暴，孩子又会身心受伤。父母身上发生任何事故，孩子都不能置身事外，因为孩子的感情，大部分都寄托在家庭上面。

如此说来，没有父母的孩子，是否就会活得轻松？答案却又绝对不是！

失去父母的孩子，是最不幸的孩子！

我忘不了那个九岁的小男孩，他被公认为行为有问题，不听话、不用功、偷同学的东西,学校拿他完全没有办法。

我们约见他的父母,但是父亲没有出席,因为生病入了医院,只有母亲一个人来了。

原来这对父母一早就已经离异,孩子寄居在舅舅家中。见到母亲,他十分兴奋,拿出功课要求母亲陪他温习。

当时他正在作文,教科书上有很多描写家居生活的篇幅,说的都是一家大小的温馨情境,不是全家出门野餐,就是爸爸妈妈一同带领孩子做活。对于一个失去父母的孩子,不知道这种理想家庭的画面会让他多么触景伤情。

不是所有家庭都是完美的,我很奇怪这些教科书怎么对孩子的现实如此缺乏敏感度。

因此,我对这孩子说:"不如你自己执笔,写出你的家庭实况。"

不久,孩子真的给我们带来他的笔记,这是他所描述的故事:

　　我在三岁的时候,我的爸爸和妈妈分开了,我很希望他们可以和好,但不可能。

　　当我五岁的时候,我有一件很可怕的事,就是我的好外婆去世了。

　　我的外婆去世后,我就在爸爸家里生活,但我比以前更顽皮,所以我被交给我妈妈的朋友看管。

　　到了那里,我看到一位比我大两岁的小朋友,后来我去温习,在那里我的朋友多了很多。

　　但有一次我给阿sir打了七十二下,这些痛苦我以后就不想再尝试。

我没有再跟那个阿 sir 温习,但我比以前顽皮了很多,我的爸妈都不可以带我走,我去了舅父家。后来我被送去做评估,因为我换了学校成绩更差。

　　舅母生了一个可爱的 baby,我们都很开心。

　　有一次我爸爸入了医院,我很害怕爸爸好像外婆一样,一病不起。

　　我最近因为想买食物,所以拿别人的东西。

　　最后,我不想好像一只猫一样,要走来走去。


这个三岁成猫的孩子,真的是那么静悄悄地不露声息,他被安排在不同的家庭中生活,大人们往往没有留意到他的存在。

　　他的父母读了他那简单的文字,都泣不成声。他们知道无法改变那已经不存在的婚姻,但是对孩子来说,父母一齐聆听到他的心声,已经让他感到十分满意,他静坐在父母当中,眼睛流着泪,脸上却有一股舒畅,孩子的要求原来是如此微小。

　　我见到更多的孩子,甚至无法用语言表达。那个十二岁的女孩,疼爱她的父亲病逝了,其他家庭成员都获得亲友的同情与支持,只有她,人人都觉得是个问题儿童。更不幸的是,她带着弟弟过马路,弟弟被车撞倒了,这孩子更成为众矢之的,连母亲都把怒气发在她身上。她却一言不发,只是对人怒目而视。

　　女孩最后用手掩着耳朵,向天大叫,就像 Munch① 的名画 *The Cry*,

---

① 全名为 Edvard Munch,中文译名为"爱德华·蒙克"。挪威表现主义画家和版画复制匠,代表作有《呐喊》、《生命之舞》等。——编者注

叫得天崩地裂。

又有一个十一岁的男孩，两岁半开始就不断地被诊断成各种精神病患，包括用头撞墙、爬地而行、多动症、语言障碍等等。

后来发现，孩子两岁半时，母亲就离开了父亲，一家三代纠结在这段婚变中，人人都有很多意见，就是没有人向孩子解释家中究竟发生了什么事，怎么母亲突然不见了。对于一个突然失去母亲的孩子来说，他的各种失常反应，其实十分正常，但是大部分专业测试的结果，都给他加上不同的诊断标签。

大人们以为孩子不懂事，但是孩子对于母亲离开后的数度来访，及家中各人的反应，都是明察秋毫。

他说："那天妈妈来找我，就在门外，但是奶奶很生气，不让我见她。我当时很怕，不知怎办，打开门时，妈妈已经入了电梯，只见到她的一只手，在电梯门关上时消失。"

他又说："我问我的表哥，妈妈为什么走了，表哥说是她喜欢上别的男人。我又觉得她很错，让我十分恨她！"

一个孩子失去母亲的复杂情怀，明显地支配着他的行为。不幸的是，有时，连专家都只会针对个人行为而没有注意到孩子的家庭状况。

哈利·波特的故事告诉我们，在这世界上有两种人：懂魔术的人及不懂魔术的人。我想，这世界上的孩子也有两种：有父母的孩子，及失去父母的孩子。后者穿插在前者那让人羡慕的家庭生活中，由于别人家庭的完整而让自己感到更为相形见绌。他们不是像猫一般让自己的脚步隐秘、不为人知；就是像受了伤的野狼一般，仰天长呼。

这些孩子都是被忽略了的一群，连教科书与专业人士都没有察觉到他们的存在，因为我们看到的只是他们行为的偏差，我们不知道他们的失落。

　　而长期没有受关注的孩子，一般都不善于语言表达，单独与他们交谈也不容易。我所收集的孩子资料，大部分都是在与家人探索家庭关系时，在适当关头他们有感而发的。

　　孩子是靠家庭而生存的动物，家庭系统发生事故，遭殃的必然是孩子。其实哈利·波特也是这样的一个例子：这被安置在一个储物室里成长的孩子，大部分的创意与情怀都与找寻失去的父母有关。

　　好在孩子心中都有魔术，能够超越时空，协助他们渡过种种难关。但是大人的了解与体谅，仍是无法取代的。

# 女 儿 们 的 空 间

两个小姊妹，一个八岁，一个六岁。老远就听到她们哇声震耳，吵个不停。

患了多动症的是姐姐，但是两个孩子，跳来跳去，你追我逐，让人眼花缭乱，一时间也分不出哪一个才是多动症病人。

这一家人来自温州，我刚好在北京做治疗示范，同学便把他们邀请过来。两个小时的路程完全消耗不了小姊妹的超人精力。只见那年轻的父母，手忙脚乱地管得大的来走掉了小的，追得上小的又跑掉了大的。

用来录影会谈的仪器，被她们当作玩具似的推来倒去，急坏了负责摄录的师傅。几乎在场的每个人都围着两个孩子转，闹个不停。

我们根本无法进行谈话。两个孩子不停地以各种方法引人注意，大女儿老是缠着父亲，父亲愈跟她讲道理，她就愈与他纠缠。母亲刚把大女儿拉走，小女儿又马上补上，两姊妹一唱一和。

但是如果说她们当中一人是多动症，又好像不是，因为两个孩子的动作是配合得天衣无缝。一举一动都是针对着大人而设，让父母亲完全无力招架。

例如，大女儿向母亲要糖，母亲不给，她就说："爸爸说过可以给的。"

又当父亲被她惹得要发火，她就立刻向母亲使眼色，母亲就会盯着丈夫看，不让他发作。

原来父亲脾气不好，管不来女儿就会动粗，所有儿童专家都叫他要有耐性，要跟孩子讲道理。但是两个女儿是何等精明的人物，她们很快就学会怎样消磨父亲的耐性，他一旦失控，母亲就会为她们撑腰。

看着这一对才二十多岁的小夫妻，被两个女儿当作木偶般在背后扯线，万般狼狈。看起来是他们在管孩子，其实是孩子在管他们。

家中还有一个一岁多的小男孩，因为不想带他出远门，才留在家中。

我很奇怪，国内不是有独子政策吗？为什么这一家人有三个孩子？原来他们是农户，可以多生一个，因为前面两个都是女儿，家中长辈就要他们继续生育。生下第三个是男孩，总算达到目的，虽然要被政府罚款，每个人都觉得值得。

一家五口加上爷爷奶奶，还有伯伯一家四口，十一人同住在一个屋檐下，小夫妻很少有自己的空间。

妻子说，她与丈夫是小学同学，青梅竹马，但是婆家并不赞成他们成婚，主要是嫌她身材太过矮小，不适合农家作活。其实婚后她一直与丈夫经营服装生意，这是农业社会的一项新兴小企业。生了三个儿女后，她在家中的地位已经稳固。但是三个孩子都是家中宝贝，要管教孩子，绝对不全是由得小夫妻作主。怪不得两个女儿对大人的反应学得如此敏锐。

他们说，大女儿从小就是一意孤行，谁的话也不听。她三岁时就踏着自己的小三轮车，由村里一直踏到邻村，没有人可以制止她；车辆都要让路。

这是一个有趣的现象，一个三岁孩子怎会如此神通广大？怎么没有一个大人有效地对她说："不能这样！"

父亲无奈地说："我唯一让她听话的方法，就是打她。现在又不让我动武力，就更没有办法了！"

原来父亲小时候也是一个天不怕地不怕的小顽童，家中也是没有人管得了他。他说："不知何故，长大后就很自然地安顿下来，现在自己当父亲了，就更加不敢任性！"

这是一个年轻父亲的自我反省。我问他说："你既然是过来人，应该很明白不受教的孩子心态，怎么一旦做了父亲，就失掉你的头脑？"

他说："其实我觉得孩子是不必管得太多的，他们应该要有自己的空间，但是所有人都逼着我们去管。在学校生事，老师叫我们去管；在家里胡闹，我们的父母也嚷着要我们去管。慢慢地，我们不知不觉就老是围着孩子转，实在累不可言。"

妻子说："这次到北京来，家中长辈都不赞成，我们费了很大劲才动得了身。"

我问："你们什么时候回去？等会儿就走吗？"

她开心地说："不，我们会在北京多玩几天，难得出来一趟，当然不会立即就走！"

我看着这一对精疲力竭的小夫妻，七八年的夫妻生活都是活在一身儿女债当中。说他们不关心孩子吗？那绝对不是，只是他们对管教女儿全无办法，一味只顾被孩子牵着鼻子走。最糟糕的是，他们都不相信对方的能力，妻子怪丈夫过于蛮横，丈夫怪妻子不够坚定，各自以自己的方式对孩子作反应，结果养出两个精明伶俐、专与父母作对的小魔头。

我请他们把两个女儿安顿在另一个房间，让我们有机会好好地交谈。这一项工作当然甚为艰巨。两个孩子都不肯离开，一哭二闹不成功,便索性摊睡在地上,最后父母亲要像搬大石块一般,把二人抱走。孩子发完一阵大脾气,摔破几张椅子,但是知道这次父母亲都不会妥协后,也就乖乖地在邻室安顿下来,自己玩耍。

我对父母说:"你看,她们只是几岁大的孩子,你不用打她,把她牢牢地抱住,她就不能还击!"

夫妻真的坐在一起,利用这一个难得的二人空间,好好商讨对策。

近代父母亲子的方式,往往在孩子不讲理时,继续讲理,务求让孩子心服口服。其实有经验的父母都知道,这样只会造成一种纠缠,尤其孩子在撒野时,双方都需要保持一定距离,千万别近身苦战。

我问他们说:"你家可有一间空房间,让孩子在失控的时候自己平静起来,不用老是缠着你们?"

他们商量了一回,认为这是可以安排的。父亲也赶快拿出纸笔,他要叫这个房间为"思过室",谁犯了错,就要静静地思过!

说着,说着,他们认为,自己也需要这么一个小空间,厘清一对小夫妻在这划时代的转变中,怎样面对孩子、大家庭及大社会所带来的冲击!

而我,在这冰天雪地的北京,也感受了这一个温州家庭的挣扎。

# 两 个 守 护 家 庭 的 孩 子

人患了病,我们都知道病后需要康复。但是很多人不知道,需要康复的不单只是病人身体,全家人的情绪,也是不能忽略的。

希希的父亲在两年前突然中风,一家四口的生活秩序全部被打乱了。病发时每个人都配合得很好,各尽本分,反而是康复期间,各种问题就呈现出来。

我其实五年前就认识这一家人。那时希希只有八岁,完全不受父母管教,他的弟弟才六岁,却是乖乖的老是跟在哥哥后面。

为了探讨如此爱家的父母怎么出现这样的管教问题,我们开始了一项新研究,就是探索孩子与父母矛盾的互相关连。结果发现,很多孩子对父母间的矛盾有极敏感的反应,即使父母自己并不认为问题严重,孩子也会耿耿于怀。

这项研究后来成为香港大学家庭研究院的重要项目,在世界各地都有过发表。而希希的父母,不但因而积极改善家庭关系,同时愿意公开他们治疗期间的录影内容,让别的家庭也可以受益。

接着,他们就因为父亲的工作关系,一家人移居新加坡。他们在回港度假期间,都会来探望我,还给我带来新加坡最好吃的牛肉干。

我也看着这两个小家伙，渐渐地变成青少年。有一次我还问希希："父母亲究竟要做些什么，才可以成功地协助孩子发展？"

那次，他十分老练地说："说真的，父亲就是家庭最重要的动力，好像一座 motor，父亲肯带头，就什么都成了！"

无奈的是，这座 motor 在两年前却突然心脏病发作，失去带头的功能。为了协助丈夫康复，妻子把大儿子安排到内地的一家寄宿学校，小儿子就寄居在伯父家中，她自己则带着丈夫回到香港疗养。

我在他们经过香港期间见过面。当时她仍是充满信心，觉得孩子都很听话，不用她操心，让她可以安心地为丈夫做康复工作。还说好在做过家庭治疗，有了"预习"，就不会毫无头绪。

我最近见到这个家庭时，已经是父亲病发后两年。这时父亲的复原工作已经很有进步，一家人搬回香港居住。妻子牢牢地守在丈夫身旁，两个儿子都比以前长高了一个头，应该是一切都回到正轨。

母亲却突然对我说，小儿子偷了大伯母的钱买糖吃，让她很是苦恼。

十一岁的小弟，本来兴高采烈地告诉我们哥哥正在教他上网，一听到妈妈的话，立刻苦上了脸。

我把他叫到父亲面前，看父亲怎样处理儿子的问题。小弟拉着父亲的手，像个婴儿似的把脸藏在父亲膝上。父亲十分感动，对儿子说："你知道我多爱你！我很伤心，没能把你教好！很内疚！"

我问父亲："你会骂他一顿吗？他只是个小孩子，做错了事，有时需要挨一顿骂！"

我并非不知道这两年来小弟住在伯父家中，有多想念父母。但他毕竟是个孩子，犯了错，父母亲的一顿骂，有时比什么都来得有效。

母亲解释说："大伯的确把他臭骂一顿，父亲反而不断在怪自己，却舍不得骂他。"

父亲并非不想教儿子,只是中风后,他对自己也失去信心,总觉得有话说不出,加上什么事情都要依靠妻子,他更是对谁都不能理直气壮。

他说,其实对两个儿子都有话要说,就是说不出来。借着这次机会,我们让筋疲力尽的母亲好好休息,让两个儿子轮流与父亲对话。

孩子与父亲一坐下,希希就振振有词,抨击父亲躲在疾病后面不肯振作,又怪责母亲过分自作主张,使父亲无法发挥,让家中亲属乘虚而入。

他哭着投诉:"大伯叫我每天向他报告,我都照做了。但是为什么不是向爸爸报告,为什么是大伯?"

母亲解释:"大伯是一番好意,知道你爸爸不能应付太多压力,才主动帮忙。"

希希并不接受母亲的理由,他十分激动,抢着说:"爸爸是慢了下来,不像以前那么快速,但是并不等于就要把他废掉了。"

儿子的话句句都是袒护着父亲,奇怪的是,父亲总是觉得无法接近这个大儿子。反而是那个不善表达的小儿子,十分无奈地依附着父亲,让他感到无上安慰。

这才发觉,哥哥用语言表达的情怀,弟弟却用身体来表达。怪不得弟弟的行为总是看来比他的年龄小。他是那样四肢无力地把身体贴在父亲身上,好像用他自己的不成长,来配合父亲身体及思考上的缓慢。

母亲也指出,亲属都埋怨弟弟不成熟,像个小孩子。独是哥哥心里明白,他说:"弟弟什么都不说出来,因为他不想加重父母的压力,但是他的不快乐,没有人知道!"

弟弟幽幽地抗议："我没有不快乐！"

希希问："那么你为什么一个人躲在洗手间流泪？"

弟弟把脸藏起来，但是眼眶里的泪水却在打转。对于弟弟的缺乏主动，这小哥哥一直无法接受，明知道这弟弟是在保护父母，他却非要像剥洋葱似的，把家庭的种种关系一层一层地剥开。

父亲看着两个儿子，十分着急，但是他实在无法作出很快的回应，妻子看在眼里，忍不住就想为他处理。

希希却指着母亲说："你看，她的双腿就是按不住要动，她没有办法不让别人自己处理！"

希希自小就是一个注重家庭的孩子，眼睛尤其不断观察母亲。当年父母花了很大的努力，才成功地把儿子放回孩子的位置。没想到现在父亲失去健康，希希那股关注又不由自主地卷土重来，恢复小管家的角色。不单如此，由于他那久经训练的观察入微，加上一针见血的语言能力，让他成为家中的"长者"，谁也逃不过他的眼睛。

我忍不住对他说："你怎么'老'得那么快，成为你爸爸妈妈的爷爷了？"

这是一个让人难以想象的现象，爸爸中了风，一个儿子就加倍地成熟起来，成为家庭的守护人，另一个儿子就越长越小，陪着病人一起停顿。

其实两个孩子都是以他们不同的方法，应付家庭的骤变，保护着家庭的完整，甚至不让其他亲属善意介入。

但是，父亲毕竟是中了风，无法恢复身体的全部功能。对着两个儿子的哀伤，父亲实在不知道如何处理。只见他努力地整理自己的思维，一时间却找不到适当的话来回应孩子。

父子三人僵在那里,呈现一阵紧张状态,急坏了那坐在一旁,努力阻止自己挺身而出的母亲。

我们都屏住气息,希希却突然把手搭在父亲肩膀上,说:"你要哭就哭吧,不用忍着!"

我恍然大悟,原来儿子要求的并不是我们所想象的一个强大的父亲;相反的,他要的是一个有血有肉的亲人,同哭一声命运在他们身上所施展的恶作剧。

我对父母亲说:"你们很幸运,有两个如此忠心的孩子,一直守候在身旁! 但是他们要付出的代价也太大了。一个把自己变成小老人,一个把自己变成小婴儿,如此专注于家庭,他们怎样有机会发展自己的世界?"

两个孩子都承认,对外面世界的兴趣不大,小弟低声说道:"我没有朋友!"

父亲激动地坐起身来,走到两个儿子中间,牢牢地把他们揽着。

父亲与小儿子的头很自然地彼此靠着,热泪盈眶,这父子在性情上十分接近,都是属于内向,一切尽在不言中,却是如此互相了解。希希却与母亲较为相似,总是推着自己及每个家人往前走,父子中存着一股莫名的芥蒂,一种男人与男人之间独特的微妙心态。

但在这一刻,父亲左手搂着小儿子,右手拉着大儿子,千言万语,都在一声叹息中凝结。

母亲舒一口气说:"这是一次痛快的流泪!"

希希却说:"我不要老得这么快!"

我对父亲说:"你可以把两个儿子像两团泥巴一样混合起来,然后分开吗? 这样小儿子就会变得成熟,大儿子就变回年幼!"

父亲真的用力把两个儿子的脑袋碰在一起,我们都笑了。

怎样重组一个病后的家庭,原来并非三言两语的工作!而孩子,他们那好像处于无助的位置,却是拥有千军万马之力,不断在守护着家庭。

# 儿 子 的 高 人 之 见

这孩子十二岁,说话很有意思。

我问他为什么不上学,他说:"我的后脑底下积累了一股气,让我无法记忆。"

"那是什么气?"我问。

"是妈妈生我时,因为对奶奶生气,所积存在我脑后的那股气!"

孩子煞有其事,还用手指给我看他脑下那个凹处,气就是积在那里!

我问他怎知道母亲在生他的时候生奶奶的气?他说,是一位高人为他摸骨时摸出来的。

母亲有点尴尬,解释说,那是很久以前的事了。当时为了户籍问题,的确与婆家闹得很不愉快。

这是我在北京看到的一个家庭,像很多独生子的父母,这孩子的一举一动,都备受父母关注。他的每句话,对父母来说都是金科玉律。

既然有如此明察秋毫的高人,此人究竟在哪里?

母亲说她也不知道,那是孩子同学的一个远房亲戚罢了。

孩子继续振振有词,他说他家最近搬了新房子,那儿风水甚差,不利于家庭。

这也是高人所说的。

因为搬了家，必须由父亲开车送他上学，孩子终日投诉头晕身痛，父亲也觉得外面压力太大，支持他不去上学，先把身体弄好再说。

为了替他减压，父亲带孩子到海南岛旅游。这本是父子同行的一个好机会，但是过程中却出了不少枝节。

父亲说："他一会儿说去，一会儿又说不去，车票退了几次，浪费了两千多块。结果去了，他不但不好好享受，还说海南岛的空气带有毒素，让他带回一身毒！"

孩子说："那是一种砷，会积聚在血液中，久久不散的。"

我问："这也是高人所说的吗？"

他说不是，这次是他自己上网查来的！

这般有创意的一个少年人，父母亲只有顺着他走，完全没有招架之力。可惜的是，这些孩子往往被加上很多标签，成为精神科的病人，只靠药物维持。这现象在美国也很普遍，我的老师 Minuchin，最近就在一个世界会议重重地抨击了这个对孩子过量用药，及过分当作精神科病人处理的医疗文化。

好在国内一些精神科大夫，都开始接受心理及家庭治疗的培训。尤其孩子的问题，如果有机会做一次家庭评估，就会发现很多儿童行为，都是特别为父母亲度身订造的。

这个孩子就是一个好例子。

大量研究指出，孩子的心理病大都反映着父母之间所存在的矛盾。家庭评估的目的，就是让父母亲愿意正视他们自己的不协调，而不是把焦点放在孩子身上。

其实，这孩子一开始就为我们放下很多线索，只要跟着他去探索就成。母亲的气、父亲的毒素,全部吸收在他身上不同部分,那么这一股气,真的如母亲所言,是过去了的事吗?婆媳之争,关键人物永远都是那个夹在她们中间的男人。十多年来,婆婆已经不在了,但是夫妻之间的气,可曾真的化解?

那苦心为儿子张罗的父亲,对孩子是千依百顺,儿子怎么不领情,反而怪他带来满身毒素?

我对孩子说:"你太有创意了,如果你所言是真的,那么你就是一手盛着妈妈的气,一手载着爸爸的毒,怪不得你身上没有一处觉得舒服。"

孩子站了起来,听话地把手掌左右摊开,扮成好像上面载满重担的样子。

不问犹可,一问起来,原来这对夫妇已经很久没有对话。据主诊医师透露,他们连约见这次会面,也是因为对时间安排有不同意见而争吵了好一会。

母亲气冲冲地说,她已经对丈夫不存冀望,因为对方没有一处与她配合。

父亲也恨痒痒地埋怨,没有办法与妻子沟通,只觉得她蛮横无理,咄咄逼人。

两人关系僵持至此,只靠着孩子在中间传话,怪不得孩子把他们各人的气与恨都积累下来,成为自己身体的一部分。

孩子的话,原来一点也不假!

气,实在会令人头脑不清;而恨,真的是带有毒素的!

好在这都是爱孩子的父母,为了孩子,他们愿意调解。只是那是多年来的积怨,一宗宗的旧事,理也理不清,一理起来又成为新的争吵,谁也不肯罢休。每当母亲执著地解释又解释自己的立场,父亲又会把脸别了过去，以沉默作为拒绝。一个怨、一个恨，这夫妇让我更明白这两个字为什么总是用在一起。

原来妻子也是来自父母不和的家庭。为了保护那不善言语的母亲，她从小便学会与父亲顶撞，练就了一口舌剑唇枪。而丈夫却来自十分亲密的家庭背景，与母亲关系尤其密切，无法接受妻子如此有理不饶人。

我对男人说："你知道吗？所有觉得不被丈夫怜惜的女人，都会变得无可理喻的。"

妻子听着，流下泪来。她说从小就希望有个美满的家。没想婚后是那般困难，只觉得一肚子气无从发作，连找个可以吵一顿的对象也没有。

丈夫也渴望一个温馨家庭，但是无法面对妻子的喋喋不休，只有把全部心思放在儿子身上。明知有时被儿子牵着鼻子走，但是一腔不能用在妻子身上的柔情，总得有个去处。

两个十分孤单的人，多年来没有一个活得惬意，不单是为了儿子，为了他们自己的幸福，也应该放下十多年来的怨恨，重新建立彼此的关系。

男人说："其实最怕老婆发火，发起火来，生人勿近！"

我送给他一瓶开水，笑他说："我教你一个消火方法，她发火你就向她淋水，只是你千万不能走开，可以吗？"

男人也许还不知道，妻子最怕的就是丈夫的抛离和逃避，只要他不跑掉，两人终有机会擦出新的火花来。他的一句"老婆，我们再开始吧！"就已经为女人脸上带来笑意，收回了那已到嘴边的怨怼。

家庭评估，并非往家庭找问题，相反地，那是在家庭脉搏的穴道下针，希望打通一点经脉。

那孩子坐在我身旁静静观察，再也没有提出高人之见，只说："爸爸、妈妈，你们好了，我就会跟着好！"

# 月 光 少 年

这个十四岁的少年告诉我们,他躲藏在一个黑暗的角落,没有阳光,顶多是偶然会有一线月光射进来。我们称他为月光少年!

如此活泼的一个年龄,怎么会选择一个没有阳光的角落?我见过很多苍白的青年人,背后都有一对互不相容的父母。但是每一对合不拢的父母,都有一个他们独特的形式,不同的角色扮演、不同的细节、不同的剧本。

少年人的父母坐在一旁,细心听着少年人的每一句话。少年人表面上说的是自己,骨子里却好像另有所指。

他说:"家中每个人都躲藏在一个角落,各自收藏。"

原来少年人还有一个患了自闭症的妹妹,让父母亲十分操心。

但我仍然不明白少年人的心事,他转弯抹角、高深莫测,让你十分好奇。只是当你跌入陷阱,想进一步去了解时,他又给你一记闭门羹:无可奉告!

少年人患上忧郁症,辍学在家。他说对一切都没有兴趣!没有劲!都没所谓!一副典型青年人爱理不理的样子。只是每提起他的父母,我就感觉到他心中的一股激动。

青年人反叛，原是个自然的成长过程，因为若非如此，他们就很难放下父母，走自己的路。有趣的是，心理出了岔子的青年人，往往都是外表扮酷，心中仍塞满着父母。

这孩子呆在家中。唯一出门时，是去见精神科医生及心理治疗师。但是他并不觉得自己有病，他说："病的是父母！"

父母正在忧心儿子的心理状况，没想到儿子也同样忧心父母的婚姻状况。他说："爸爸妈妈各自困在自己的悲哀中，没有人活得好！"

他又说："如果父母亲都没有管好自己，就不能要求儿子走出自己的角落。"

弦外之音是：你要我改变，你们就先要改变自己！

这是我去年在台北见到的一个家庭。

台北是个十分现代化的城市，但是传统家庭的观念仍然显著。这种孩子与父母关系的纠缠不清，是个不断呈现的主题。

明显地，这对夫妇之间矛盾重重，他们承认彼此无法交谈，只有各自以自己的方式去处理孩子的问题。

现在面对儿子的挑战，父母全无招架之力。

妻子说："丈夫什么事都不与我商量，让我十分苦恼。"

我向丈夫说："果真如此，就利用这次机会好好地与妻子商量一下，如何应付儿子的问题。"

丈夫不断地向我解释不能与妻子沟通的理由，就是不肯直接与她交谈。他愈解释，妻子心里就愈不是味道，儿子也就愈看不过眼。

我在纸上画了一个三角形，向他解释孩子与父母之间的相互关联。他却在我那三角上再加几个三角，对我说："你不明白，我的家不止一个三角，还有上一代一个又一个的三角重叠起来，像个复杂的三角几何图。"

　　我不想与他纠缠，希望能够让他面向妻子，便抓紧机会说："对呀！你说得太好了。可以把你这个图形解释给老婆听吗？"

　　他把那张画满三角形的纸张丢向妻子，说："你看！"

　　我咽一口气，苦口婆心地向他说："看你，你那么想拯救你的儿子，却连好好地跟他母亲沟通一次也不愿意。"

　　我让他们回家想想，约好了第二天再会谈一次。

　　我暗自思量：真拿这男人没有办法。分明是个饱学之士，对着外人可以天文地理出口成章，对着妻子却哑口无言。让我们也变成他儿子一样，老为着他与妻子之间的距离着急，心想第二次会面也不一定有新进展，只是不想半途而废。

　　出乎意料的是，第二天会谈时，丈夫竟然执着妻子的手说："我知道你嫁入我家时，我没有好好地保护你，让你受了很多委屈，我对不起你！"

　　我正为丈夫鼓掌，后悔自己不应该怀疑他的能力，没想妻子却板着脸，不但不理他，反而不断投诉初婚时种种婆媳不和之处，声泪俱下。丈夫用纸巾为她擦泪，对她说："那都过去了。我们现在不是挺好吗？"

　　但是妻子并不就此罢休，最后还是推开丈夫，向大家郑重宣布："我已经决定，要出家当尼姑去！"

　　我们费了九牛二虎之力，才推动了丈夫，没想到妻子泼下来的一大桶冷水，让大家又再不知所措。

　　我把这个案还给主诊医生，让他继续跟进，自己便回香港去了。

　　今年重返台北，主诊医生又把这夫妇请来，我原不敢寄予厚望，但是这次两人看来，竟然精神饱满、轻松多了，甚至感觉不到先前那一股浓厚的怨气。

原来上次丈夫听到妻子说要出家，真的紧张起来，回家后二人好好商议，决定一同跑到庙堂算算前世今生。发觉前世作了孽，今生必要偿还，经过法师一番周旋，决定妻子可以在家修行，不必住庙。结果两人回到家中，各自修行。

有趣的是，这次夫妻一同求神问卜，说是各自修行，无形中却把两人的距离拉近了。儿子也从父母不调和的关系中解放出来，考入台中的学校。

儿子仍然不放心离开，这次会见，父母要决定应否让母亲也搬到台中陪他上学。

夫妻间的冰块解冻了，才有能力好好地商量怎样处理家中各种大小事项。

这一次，母亲十分理智地指出自己对丈夫的不满，皆因丈夫是婆婆的儿子。原生家庭对他十分重要，即使婆婆走了，大姑小姑仍然是对他影响重大的家人，让妻子总是觉得自己毫无地位，不能消除夫家对她的压迫感。想不到现在她自己的孩子，也是重复父亲的例子，又是一个母亲的儿子。

我问她说："你想跟随儿子到台中，是否因为这也是一个离开旧家庭压力的好机会？"

母亲坦白地点头。而她知道，如此一来，儿子可能永远都离不开她了。

可见无论怎样阴差阳错的夫妇，其实都具有明白事理的智慧，只是有时彼此的步伐卡住，让他们不能动弹罢了。

我忍不住又去问丈夫："如果不是基于前世今生种种理由，你会想把妻子留下来吗？"

丈夫又一番解释，总说不到重点，这次妻子主动发招，问他说："你会自己想我留下吗？你会说：'我爱你，请你不要出家吗？'"

男人依依哦哦说了很多充满哲理的话，就是没有回答妻子。

我这才明白，因为有个自顾自修行的丈夫，才会有个要做尼姑的妻子！

好在这世上并没有一套标准的夫妻之道，所有夫妻都要建立他们自己的配搭，不管他们是和尚还是尼姑。

突然觉得这对典型的中国父母十分可爱，他们真是天生的一对，比儿子更像孩子，儿子明白这一点，就会安心地走自己的路。

# 隐 蔽 青 年 的 家 庭

这男孩面色苍白,头发蓬松,才十六岁,就不肯上课。他说:"完全不能认同大人们的价值观,为什么要上课? 为什么要做人? 一切都是多此一举。"他已数度表示要去寻死。

他的所谓"大人们",指的就是坐在一旁对他完全无计可施的父母亲。

青少年拒学是个叫人头痛的问题。日文称之为 Hikikomori,或隐蔽青年。这种问题在亚洲其他地方也很常见,只是正当日本成功地把教育制度普及全国之际,竟然发现此时出现最多的是不肯上学的孩子,让他们在研究及临床工作的领域,多下了一些工夫。

根据一些日本研究指出,隐蔽青年最常见的家庭特性,就是有一个被工作单位霸占了的父亲,以及一个孤独地留在家中照顾孩子的母亲。加上日本这一代的女性教育水准提高了,但是满腔情怀却难以发挥,只有把全部心意放在孩子身上。而孩子习惯与母为伴,长期接收着母亲那一股难言的苦楚,很容易就会抱着母亲不放手。

这是一个很常见的现象,其实不单在日本,全世界的家庭研究,都会或多或少地提及这种家庭结构。孩子不知不觉走入父母的矛盾中,形成一个铁三角。

理论很简单,但是形式却是千变万化,每个铁三角,都有一个不同的故事,不同的演绎。

例如上述那个青年人,说的都是消极的话,如果你留心观察,就会觉他的每一句话,都带着一种弦外之音。一方面叫人不要管他;另一方面,又不断地引人注意。

其实这样也好,起码他没有把所有门关掉,尤其是当父母说话时,他是那样地关注,虽然表面上装得毫无兴趣。

母亲细数她怎样为孩子任劳任怨,却总是徒劳无功。她说:"很多专家都叫我不要再理他了,我也打算放弃……"

她的话没有说完,青年人便有回应:"你总是这样说,动不动就说要放弃,你怎可以放弃!"

父亲对着儿子也全无办法,重复地劝解,对着全无反应的儿子,他劝够了,便只有举手投降,说:"我说什么也没有用,他上不上学,我也管不了!"

此时,儿子也是立即反应:"你什么都说管不了,怎可以就此放手?"

这是一个有趣的现象,要理他不成,要不理他也不成。而且都是每当家人要收手时,他才有反应。我不知道这孩子究竟想要什么,但是明显地,他的一举一动都好像是为了针对父母而设。

我问他:"为什么箭头总是指向父母?"他不用思考,就提出一系列母亲教子的错误。由小时要他当乖孩子,到长大后为他解决学习上及情绪上的问题,都没有一宗做得对。

我说:"那么你就应该喜欢上学,起码不用老是对着老妈呀?"他却答:"现在她才说要放弃,那我怎么办?"

这孩子让我想起法国名著《小王子》的故事；小王子要把野性的狐狸驯服，狐狸对他说："如果你把我驯服，你就要从此对我负责！"

母亲听着儿子的数落，声泪俱下，不明白自己心疼的孩子怎会如此拒绝自己。

母亲不知道，儿子其实并不拒绝她，儿子只是离不开她。离不开母亲的孩子，总是惹出一身毛病，拒学只是其中一种。他拒绝的其实也不是上学，而是整个母亲以外的世界。

一个十六岁的青年人，身体发育正常，心态却停留在幼童阶段。

要明白母子的纠葛，就要了解父母的关系。我们会谈了好一会，发觉不是母亲在说儿子，就是父亲在说儿子，却绝少父母一起谈论儿子。所有的焦点都集中在孩子身上。他们也同意：如果不谈孩子问题，夫妇之间就没有可谈之处。

据他们解释，两人之间本来就没有太多话题。儿子出生后，发觉彼此的管教方式格格不入，为了避免争吵，渐渐各行各素。

其实，即使母亲教导不当，父母方针不同，也是很正常的事，如果说这就是造成孩子的问题，那么有问题的孩子必然数之不尽，因为大部分父母都不是教子专家。

因此，种种看来明显的行为，都不足以解释一个大好青年为何变得隐蔽。家中必有它的隐衷，长年地困扰着它的每个成员，经年的纠缠，才会让孩子走不出家门。

在儿童发展心理的研究项目中，有大量文献都指出父母间的矛盾，是怎样严重地影响着孩子的发展，包括生理、心理、适应方式及社交能力。长期在父母矛盾中成长的孩子，长大后患心脏病及癌症的比率也比常人要高。

我自己的研究，就是量度孩子面对父母不和时的生理反应（包括心跳、手汗及皮肤电导反应等等），对象是六岁至十六岁的孩子。发觉他们最大的焦虑，并非被父母责骂，而是当他们察觉父母的婚姻出现危机时。而且父母并不一定要大吵大闹——夫妇间无言的不满，对孩子一样具有大杀伤力。

很多人不知道，孩子天生是要保护父母的，父母亲本身的安危，对孩子来说比一切都重要，即使他们行为上看来反叛。

问题是大部分避免矛盾的家庭，都不愿处理夫妻间的怨气，都说对彼此别无所求，把全部精力放在孩子身上，不知不觉地让所有上一代的问题，都转移到孩子身上。

我在过去十多年间，几乎在亚洲见到的每个孩子问题，都或多或少地与卡在这铁三角的位置有关。

有鉴于此，我总是邀请父母面对自己的婚姻。因为解决孩子的问题，往往也是解决夫妻的问题。这个隐蔽青年的父母也是一样。教子方式不一致，不过是他们那没有解决的矛盾在背后作祟。偏偏是长期生活在怨恨中的父母，提起孩子问题时总是有声有色，触到夫妻间的痛处，就会尽量淡化。

好在当父母明白孩子其实是夫妻关系的一面镜子时，为了救孩子，他们也往往愿意清理一下彼此间的旧账。

这对看来平静的夫妇，原来也是一对痴男怨女。母亲说立过誓，这辈子再也不会要求丈夫帮手，不知道他们那十多年的婚姻究竟发生了什么事故。丈夫看来并不像一个不顾家的男人，他在旁不断为儿子打气，只可惜儿子忙着与母亲周旋，并没有把父亲放在眼里。

起初青年人以为我们会惯常地把注意力集中在他身上，后来发现我对他上不上学并没有兴趣，只想了解他的家庭状况，反而变得积极，自动加入谈话。明显地，他最有兴趣的话题就是自己的父母。

一个本来毫无动力，甚至不想活的大男孩，骨子里仍有他十分在意的东西，那就是父母亲的关系是否和谐。

一个本来让父母痛心的儿子，原来是个忠心家庭的孩子。

很多人问我怎样处理拒学问题，我总回答："先从了解家庭开始！"

# 心有千千结

刚刚见过一个拒学的男孩,跟着就遇上另一个不肯上学的少女,年纪也是十六岁,已经呆在家中一整年了。

看那少女的病历,从三四岁就开始无法入睡,情绪不稳定,以致思觉失调、忧郁症等等,甚至数度自杀。我正在纳闷,怎么小小年纪就一身毛病?

少女家中只有一个单亲的母亲,却同住着外公和外婆,一家四口,看来都是各怀心事。

这少女长得十分清秀,一点不像病历上所形容的病孩子,便问她说:"你想我们该从哪里谈起?"

一句简单的问话,她却十分详细地告诉我一整段故事:"我想你知道,我爸妈在我出生时便离婚,我从来没见过我的爸爸。我妈本来是个成功的生意人,后来犯了法,被关进牢里。小时候有好几年我都是跟着外公外婆一起生活,他们对我很好,只是两人时常争吵,甚至动武。学校就在我家邻近,同学们都知道我的家事,让我无法在他们当中抬起头来,我活得很不开心,对自己全无信心。妈妈回来后,与外婆的关系也是水火不容,动不动就发生火爆场面,妈妈心里不好受,就会拿我来出气。"

她的一番说话,组织得十分紧凑,完全不像一个精神病人。

她又补充说:"几个精神科医生都说我情绪不稳,其实真正情绪不妥的是我的家人。我大部分时间都要特别保持冷静,不然的话,我怎能处理他们的问题?"

她的母亲却说:"她没有告诉你全部实况,她没有告诉你那天她一口气吞下六十粒安眠药,口吐白沫,几乎救不回来!"

我问少女:"你为什么要寻死?"

她答:"我也不是真的想死。和外婆吵架,结果妈妈听到了,也跟外婆吵起来,接着又与我吵;我受不了,便不知不觉地多吃了几片医生开给我的药。"

母亲说:"不止如此,她有时还用刀划手,你看她手上的疤痕仍在。"

少女有点尴尬,不大愿意让我看她的手,只说:"有时无法发泄心中的苦恼,会用刀刺东西,一不小心刺着自己罢了。"

明显地,少女只想谈家事,她并不想说自己的问题。

原来她已数度入住青山医院,有时一住就是一长段时期。

母亲焦急地诉说女儿的问题,女儿也把焦点集中在母亲身上。

有趣的是:这母女之间的所有问题,好像都牵涉到外祖母。少女那次闹自杀,正好是外婆嚷着要回乡居住的那一天。

七十多岁的外祖母,撑着拐杖走路,看似十分虚弱,说起话来却一点也不含糊。

我问她:"你不喜欢香港吗?为什么要回乡?"

她立即回答:"我这话没向谁说过,现在你既然问起来,就让我实话实说。我并不是不喜欢香港,只是我的女儿容不下我。我最宠爱的就是这个女儿,为了她,我牺牲了一切。但是,我跟外孙女斗嘴,她知道了,就数落我的不是，还打断了我几条肋骨。所以，我就叫她们给我买火车票，让我回乡下去。吵了一个晚上，我对谁都不敢说出真相，如果说出来是自己女儿把我打成这样，我看她连工作也要丢了。"

我问："那结果怎么样？"

她气冲冲地说："结果他们说我有忧郁症，把我关进青山医院去了。"

这才发觉，这一家人无论遇到什么解决不了的纠纷，就把人送入精神病院去。

我问老祖母："你与你先生也是常有争吵？"

这一问，立即就勾起她一肚子的气，她恨痒痒地反问我："你真想知道吗？这问题我可以给你说三日三夜，总之我与他之间只有恨，我的爱全给了女儿和外孙女了。"

她说得咬牙切齿，好像爱恨分明，但是我听来听去，却总是觉得这三代母女实在是又爱又恨，爱恨难分，而且一代扣住一代。外祖母与自己女儿的难分难解，也是少女与自己母亲的难分难解，一代代重复！剪不断，理还乱。

外祖父在一旁看得焦急，却是完全无能为力，因为这三代女性纠缠得水泄不通，无论他说什么，都没有插手的余地。

说他们缺乏爱与关怀吗？那绝对不是，因为他们爱得爆棚，也关怀得爆棚。说他们不善沟通吗？那也绝对不是，因为他们好像是连接在同一条电线上的灯泡，一按开关便点亮全部灯串。不必用语言表达，他们的身体自然就会对彼此产生反应。

这个家庭的悲剧，皆因过于密切。尤其这三代女性，封闭得完全没有自己的空间，当每个人都感到窒息时，自然就用暴力来伤害或推开对方，甚至舍命而逃。

这个问题,其实不用解说,他们自己也看得出来,只是习惯了让彼此的情绪牵动,不能自拔。

那少女说,她有时为了对抗这种压迫感,可以完全不进食,连续十个小时不停地运动,体操、跑步、踩几个小时的脚踏车后,再跳有氧舞蹈、做瑜伽。人人都以为她疯了,哪里来的一股蛮劲?

我问她:"既然有这股干劲,为何不用它来推动自己,走出这让人受不了的纠缠,发展青年人自己的世界?"

原本有条有理的一个青年人,一听到我这个提问,立即像个泄了气的气球,连声音也变得像个小女孩。她说:"不成!不成!我害怕外面的世界,我绝对不能出去。"

其实青年人的问题,大都是成长过程中出了岔子。孩子由四五岁进入幼儿班开始,就会一步步学习发展家庭以外的生活,到青少年时,他们起码有一半的兴趣是投入外面的世界。但是,当成人的矛盾过度需要关注时,孩子就会不知不觉地成为对家人关系观察入微的专家。眼睛完全向内,看不到窗外的世界。

此时你要她往外看,她当然吓得更是紧抱着家人不放手。

要明白这些道理不难,要推动她走出那密不通风的家庭圈子,却非千军万马之力不可。

# 与青年人谈话

　　这个十五岁的青年人很有趣,初见他时,他的面孔几乎埋藏在胸口,让我只看到他头顶上的两个发旋。

　　他就这样动也不动地坐了很久,明显地是服用了大量的抗忧郁药物。

　　他的主诊医生说,这青年人已经住了三个月医院,因为无法控制情绪,被诊断为患了严重的狂躁症。

　　这是我在上海看到的一个家庭,当时我马不停蹄地工作了几天,已经感到十分疲倦,看到青年人这般模样,让我也难以提得起劲。我对邀请我一同会见这家庭的卫医生说:"不如由你进行会谈吧! 我相信他不会听我的。"

　　青年人的父母也来了。据说他们的关系十分恶劣,父亲嗜赌,无法照顾家庭,让妻子十分气愤。卫医生说,青年人称他的母亲是"泼妇",父亲是"无能"。

　　我不知道青年人这些形容是否属实,我看到的只是两个忧心如焚的父母,眼睛牢牢地凝视着儿子的一举一动。由于青年人一动也不动,父母也凝固在那里,三个人都成了化石。

卫医生也问不出所以来,我只好插手,问那青年为何要住院?

他十分不耐烦地说:"都是他们的错,在我三年级那年,父母就强迫我去补习班。"

我说:"我不明白,那是很久以前的事,为什么你到现在还是那么介意?"

他脸上的不耐烦更是加深,大声地回答:"那是因为我不喜欢别人逼我!我妈不管我愿不愿意,都要把我送去,让我无法控制自己的情绪。"

我答:"那是你妈逼你啰!为什么你说父母都强迫你?"

他答:"都是我老妈!我顺便把老爸搭上罢了!"

明显地他觉得我的问话太愚蠢,但是我还是故作不明地让他把话说得清楚。有趣的是他虽然不断发出"怎么碰上如此一个笨蛋"的倒楣叹息,但是起码把面孔抬起来与我说话。这才发觉,原来是个长得十分清秀的青年,而且说话总是充满弦外之音。

他说要找个像母亲而又不像母亲的人,才能把话说得清楚,我问他找到了吗?他提出另一位出了差的医生,间接是告诉我和卫医生,你俩都是废话连篇,并非人选。

我笑说:"也许大人们真的是废话连篇,像你所说的。"他的回应是向天翻个白眼,然后叹一口大气!

我一眼看到他手中拿着一本心理学的杂志,并且在上面写满了字,便乘机换个话题,问他说:"你手上拿了什么书,可以借我看吗?"他倒是很爽快地把书交给我。

我问:"你喜欢看心理学的书吗?"

他答:"当然要看心理学书,不然怎知道你们会如何看我。"

这青年人的回应愈来愈变得有趣了。我说:"那么就考考你,看懂了什么没有?"

我随意翻出几篇书中的专题问他。其中一篇谈的是男女关系,他说:"这对我不合用。我不会找到合适的女朋友,只会找个像老妈一般凶恶的女人!"

他很得意地说:"老妈只怕我一个人!老爸对她是全无办法,他在家中一点地位都没有。为了要帮老爸抱不平,我故意要她买个新电视机,狠狠地让她花一笔钱,她也给我买了!"

他怕我听不懂他的话,还给我特别解释:上海的男人都患有"妻管严",这"妻管严"与"气管炎"同音。

我说:"这样的话,如果没有你,他们怎样生活?"

他说:"没有我,他们早就散了!"

我问:"心理学就有一个针对你们这种状况的形容词,你知道是什么吗?"

他反问:"是自我形象不足吗?"

我说:"不是,你看的书还不够!"

他开始好奇,抢着问:"是什么呀?"

我故意卖关子说:"我才不告诉你,告诉你也不会被你接受!"

他不服气地把杂志翻来翻去,又写上"老妈"、"老爸"等字不停比划。他的父母也就愈加紧张地,全部注意力跟着他转。

青年人比划了一会儿,还是找不到答案,忍不住要我给他一点"提示"。

我逗了他一回,决定助他一把。便对他说:"你以为一切都是以你为主,完全看不到家庭关系的威力——"

话还没有说完,他立即就有答案:"是三角关系吗?"

他跟着就在书上画上一个三角形，在三个角上分别写上"老爸"、"老妈"和"我"。

我和卫医生都十分惊讶，问他说："是你读过这个名词吗？还是因为你活在其中，所以知道？"

他倒没有明确的回答，只忙着在写上"我"的那一角，拼命画上向外的箭头。他说，必须把自己从这三角上拉走。

我挑战他说："我才不相信！你看你满脑子都是父母的事，十五岁的人却像个八岁孩子，只顾着与父母纠缠。"

他纠正我说："是五岁！"

我很奇怪，问："为什么是五岁？"

他答："你忘了我从三年班①起，就没有再长大？"

这青年人的悟性完全出乎我们意料之外。原以为这是个被药物控制得全无精力的病童，没想他是如此的机灵。这些长期夹在父母矛盾中的孩子，对父母的人际关系是那么观察入微，可惜的是他们自己却往往是停留在孩童的心态，反而无法发展自己的人际关系。像这个青年人，你想好好地与他谈话，他就不停地耍你，反而是用激将法，他才认真起来。

不过，与青年人谈话，本身就是对成人的一项大挑战。青年人的特点，就是看透了大人的弱点。因此，我们的话，必定不能轻易让他们猜透；对他们的问题，也不能比他们显得更为积极。要避免老生常谈，还要加一点孙子兵法，要知道怎样跟他们"斗酷"。

但是我仍然忍不住对他解说："你已经浪费了很多宝贵的时光，再不

---

① 方言，这里特指幼儿园的小班、中班、大班。——编者注

追上去就落伍了。怎么像你这样聪明的孩子会把自己变成病人?"

他答:"因为要'逃避'!"

我说:"要逃,也逃到好地方,笨孩子才会逃到精神医院去!"

我也不知道与青年人这一番话,他的父母是否听得明白。但是一听到青年人不要往医院跑,他们都十分高兴。青年人倒是临别时握着我的手,久久不放。

好在卫医生不是一个只顾用药的精神科医生,我希望他会继续促使这青年从死角中走出来。

# 新 时 代 的 《 二 十 四 孝 》

很多人都说，现代家庭的基本价值观薄弱，青年人尤其缺乏家庭观念。

奇怪的是，我这十数年间在华人地区所见到的青少年问题，却大都是无法放得下父母。这次到上海工作，也不例外。一口气会见了四个家庭，年纪最小的是一个十岁女童，最大的是一个二十岁女青年，当中还有两个十四五岁的少年，全部都被贴上精神病患的标签。

表面看来，四个孩子都让父母头痛不已。他们不听话、不负责、不肯上学，行为怪异，甚至要自杀。但是如果你细心探讨每个孩子的家庭故事，就会发现一个共通之处，就是：他们的意识形态，全部都维系在父母身上。

那个十岁的小女孩，眼珠滚来滚去，话并不多。她说妈妈很凶，不是骂她，就是骂爸爸，让她十分害怕。母亲也承认自己脾气甚差，由于丈夫工作关系，聚少离多，让她不停发病，身休没有　处不曾动过手术，有时就忍不住要对孩子发作。

起初我们以为这只是一个怕挨骂的孩子，但是当她一听到我的时间短缩，可能无法如期与她的家人会面时，泪水就要从她眼睛掉下来。原来这会见对她是那般重要,她为父母亲画了一幅漫画:两个在吵架的大人,口沫横飞,向着对方喷口水。他们中间,夹着一个在哭泣的孩子。

当她获悉父母同意改善如此恶劣的婚姻关系时,又特地为他们画了一幅夫妻恩爱的漫画,中间还放上一颗大大的心,写上"相亲相爱",为父母打气!

那两个少年,也同样用"凶恶"二字来形容母亲。如果这些母亲真是"凶恶"的话,对象也只是针对丈夫,因为她们明显地对孩子都是唯命是从,连两个儿子都得意地承认,母亲只听他们的话。其中一人甚至扬言怎样成功地让母亲花大钱,为家里添置新彩电,好替父亲出口气。

另一个男孩,表面看来对家庭关系没有兴趣,十问九不答。他的父母亲倒是十分努力地承认夫妻之间确实出了一点问题,正在努力改善。原来主诊医生告诉过他们,孩子的问题必然与父母有关,因此他们也就不分青红皂白,一味说自己有问题。

我忍不住问他们说:"究竟你们的问题,与孩子有何关系?"

他们莫名其妙地看着我,久久不能回答。

其实孩子的韧性是很强的,父母有不是之处,他们一般都能应付。唯独是父母之间出现矛盾,尤其是长期的婚姻冲突,才是孩子的死结。尤其是忠心父母的孩子,这才是最让他们离不了家的绊脚石。

因此,家庭治疗并非怪罪父母,反而是协助他们更有效地处理孩子问题。如果只靠父母努力,孩子坐享其成,反而会弄巧成拙,无端让孩子坐大了。

那父母听了我的话,十分高兴,父亲尤其承认,实在不知道儿子发生了什么事,他说:"孩子认为自己无处不在发病,由眼睛、鼻子、嘴巴、颈部、心脏、肺、肠,以至双腿及脚部,没有一处不闹问题。"

父亲用双手,很仔细地从头到脚比划了一次,青年人十分得意地提醒他说:"还有喉咙,和尿尿的地方!"

我说:"我在北京也见过这样的一个少年,也是十四岁,父亲为他减压,带他到海南岛旅行,他不但不领情,反而不停埋怨,说是那里的空气充满砷,对他身体不利,还说是在网上看到的。"

父亲很兴奋地回应:"对,我儿子也是一样,我无论为他做什么,他都是怪我,也说是上网看的!"

我继续说:"那孩子说颈后有一硬块,是母亲在生他时因为与奶奶动气,那股气就永远凝结在他后颈! 那青年人把大人所有的矛盾,都收集在身体不同部位。"

本来十分颓丧的母亲听了十分惊讶,问:"原来在北京也有这么一个孩子?"

我答:"在香港也有一个,你的儿子绝对不是原著!"

青年人那满身毛病的谜一旦打开了,连他自己也忍不住笑了起来。

我问他说:"究竟你身体上积聚了什么怨气,让你终日往医院里打转?"

这次倒是母亲主动提出:"他一直都怕我们会离婚,已经向我提问过很多次,就是放心不下。"

青年人还有一个妹妹,她却成长得比较顺利,也许是哥哥首当其冲,把家中怨气承担到身上,她才能幸免。

另外那个二十岁的女青年,可没有那么幸运。她已经患了六年厌食症,吃了又吐、吐了又吃。

父亲忧心如焚,女儿是他的心肝宝贝,让他牵肠挂肚。一家三口,父亲看住女儿,母亲也是看住女儿,但是夫妇完全不看对方。

父亲说,女儿总是交上不适合她的男朋友,由于说不过女儿,便只好找她的男友交涉。结果不但不讨好,还遭女儿恶言以对。

父亲又说,每天上班工作,心中只惦念着女儿,晚上回家,想的又是女儿,忍不住时只有偷偷流泪。

那么,他的妻子呢?妻子与朋友打麻将去了。

这个为女儿心碎的男人,感情流露。女儿却拒绝回应,把脸别向远方,但是可以想象她心中有多难受。

后来她说:"自小就知道父母难以沟通,父亲是个权威男人,谁的话也听不进去!"

我却说:"那不是全对,我看他就肯听你的话!"

她点头:"但是他不听妈的话,我总是在中间为他们调停。渐渐地,爸就什么都依我,我变成他唯一的伴!"

这才明白,原来少女不断想逃跑,四处滥交男朋友,但都是遭父亲破坏。其实她并不真的喜欢那些男人,无论与谁在一起,她都会想到父亲一个人在家中孤独地悲哀,她的脚步就无法跑远。

她说,父亲的爱,就像食物一般,让她不停地吞下,又不停地要吐出来。

母亲明知道女儿代替了自己的位置,却说:"我觉得丈夫爱女儿,就等同爱我!"

母女心中都雪亮,家是这女儿一人维持起来的,即使她想跑掉,她的病也会把她留着。

上海是个十里洋场的大城市,怎么这些新时代的子女,会如此无可救药地守护着他们的老爸和老妈?这是二十一世纪的《二十四孝》新版本吗?徘徊在为准备世博而新修成的黄浦江外滩,浓雾弥漫,让我也扑朔迷离、情难自禁。

# 离　家

　　母亲声泪俱下，十分激动地投诉女儿对她的管制。她说，女儿不让她与任何外人联系，包括她自己的母亲。连外婆或其他家人来电，女儿都要拔掉电话线。

　　女儿又天天洗厕所、刷浴缸，忙个不停。谁也不许如厕，怕家人把洁具弄脏。父亲说："好像家中出了一个魔怪，把每个人都折磨得透不过气来。"忍无可忍时，便与女儿大打出手。只是父母亲愈还击，女儿愈强横，最后站得硬的还是女儿，父母亲万分无奈，只有摇头叹息，毫无招架之力。

　　如此神通广大的女魔头究竟是何许人物？

　　那坐在一旁神色悲切的女儿只有十七岁。她身材瘦削，除了面色苍白，看来与一般同龄少女没有分别。

　　只是与她交谈并不容易，因为她的注意力全部放在父母身上，尤其是母亲。

　　问她为什么不让外祖母接触母亲，她也说不出所以然来，只是当父母在旁忍不住唉声叹气时，她立即就有反应。不是怒目而视，就是恶言相对。

乍眼看去,她好像真的是看管着父母的一举一动,让他们不得安宁。但是细心看来,却是父母的一声叹息、一个小动作,都牵动着她的全部情绪。

如果单从这少女的行为着手,明显地她是患有严重的强迫症状——不停打扫房子、不停洗手,一种失控的惊惶,让她重复又重复一些让人莫名其妙的动作。

但是如果你留心观察,就会发觉她的控制,并非是没有对象的。所有行动都好像是针对父母:断绝所有外来的接触,把自己及一家人都封闭起来,与世隔绝。

可以说这少女在精神上出了问题,也可以说这少女在情怀上,仍然停留在幼童阶段,死缠着母亲不肯放手。

家庭治疗的理论,往往以心理发展的尺度来量度个人行为。所有偏差问题都可以说是基于个人心态停留在某个发展阶段。例如,这少女身体发育是十七岁,但从她与母亲纠缠的形式看来,她的情绪显然是滞留在婴儿时段,只想独占母亲。

这个理论的好处,就是把人的行为问题正常化:"不肯长大"远比精神病让人容易接受,父母亲也较为容易处理。

同时,当父母亲与孩子纠缠时,由于如此近距离,让他们无法明察这是一个纠缠不清的现象。父亲其实也留意到母女之间的难分难解,只是他被女儿的不可理喻气得失去理智,只会冲上去动武,而不能有效地及时把妻子拉走。

因此在治疗的访谈时,让父母看到他们与孩子的互动形式,是十分重要的。

当问题的定义从"家中出了个小魔头"转化为"母女的纠缠不清",处理方法也就大不相同。

少女一直在留意着我与她父母的谈话,在一旁不停地抗议。我请她站起来,背向父母,对她说:"在你这个年龄,应该是面向外面的世界,为什么你却把全部精力都放在父母身上?你想那是几岁孩子的行为?"

她竟然甚有主见地回应我说:"三岁!"

话说得很清楚,但是当母亲在背后稍有移动,她就禁不住回头往后看。两人像一个连体婴,呼吸在同一频道。

这般奇怪的母女关系是怎样产生的?

我想先要从依附理论(Attachment Theory)说起。孩子生下来,就与母体互相依附,接收彼此的讯息,这本来是一个最自然的现象。但是万一母亲在情绪上存有焦虑,孩子就会感到不安全。因此,如果父母关系不和,孩子就自然地加入他们的矛盾,铁三角就是这样形成的。

要了解这些孩子的依附行为,就得了解母亲的坎坷。

像这少女的父母,本来都是大机构的高层主管,后来公司倒闭,父母同时失业。父亲没法找到同样待遇的工作,唯有当司机去,母亲回家带孩子,大半生的管理经验无从用起。她衣着鲜明,应对得体,却满肚子的不甘心,一腔怀才不遇、无处舒展的苦恼。

而女儿,好像有意无意地去为母亲消愁,渐渐地演变成学也上不上,闭起门来天天与母亲周旋。

这少女的行为看似极端,其实这种母女连体的家庭关系却并不少见,只是程度上的分别而已。好在经过这次谈话,少女真的开始反思,访谈结束时,在服务意见问卷上回应:从来没有想过自己的问题是因为离不开母亲,真的要开始为自己的前途着想了。

最近见到另一对母女,也是同一个现象,初时人人都以为母女之间有很大的矛盾，让她们水火不容。但是经过一段观察，发觉情况刚好相反，其实女儿只想紧抱着母亲，而母亲也承认十分享受这母女相依。母亲的钱包中仍藏着女儿婴儿时的照片，可悲的是女儿也宣称：最开心的是婴儿时代，她决定不要长大！

一个人的成长并非绝对容易，过程中往往产生很多岔子。家庭治疗大师 Jay Haley 早期写的一本书，名为《离家》(Leaving Home)，就提出许多青年人基于种种原因而走不出家庭的例子。

要离开母亲，尤其是悲哀中的母亲，对很多青年人都是一个极大的挑战。而要求母亲放下子女，尤其全部心意都系在子女身上的母亲，也是天下间最残忍的一回事。

很多父亲都看得出妻子与子女的过分依赖是个问题，老是怪责妻子不肯放手。他们不明白，唯一让妻子放下孩子的方法，就是让自己成为妻子的良伴。就算取代不了，也要在妻子心中夺回一点位置，别让孩子坐大。因为，青年人习惯了母亲怀中的舒适，就更加无法应付外面的风雨。不但长不大，反而愈长愈小。

中国人的家庭结构，本该是父母子女位置分明。只是太多时候，孩子成为母亲的伴，而父亲反而成了外人，让很多忠心的孩子都走不出家门。

# 找 寻 自 己 的 故 事

主诊医生用了很长的时间来形容这个病人,她只有十七岁,正在念高中,但是脾气古怪,对人十分苛求。因为被好朋友背叛了,便不肯上学,觉得人生灰暗,甚至数度企图自杀。

精神科医师给她的诊断是:Borderline Personality Disorder(BPD),边缘性人格障碍。

BPD本来是被视为精神分裂(psychosis)的边缘。患者情绪起落,时而忧郁、时而愤怒,常有自杀的念头,尤以女性居多。

这少女的病征真的是与BPD相似。据说她自小跟着祖母长大,几岁大才被接回父母亲家中。她心中总是觉得不被父母接纳,老认为父母偏爱那小她五岁的妹妹。

表面看来,这少女是依附过程(attachment process)出了岔子的典型例子:基于种种原因,孩子在成长中与父母的关系无法建立一种安全感,以至于日后总是诚惶诚恐,无法对人信任。

我与这一家四口会谈时,这少女也是一开始就说:"父母偏心,造成自己妒忌妹妹。"

但是如果你留心观察,很快就会察觉故事并非如此简单。

少女口中埋怨妹妹,实际上姊妹二人却十分合拍,中间虽然相隔五年,但是说起话来甚有默契,而且句句话都是针对着老爸。

父亲看来是个没有火气的男人,脸上老是挂着一丝无可奈何的笑意,对着两个女儿毫无权威可言,无论他说什么都被她们否决。

奇怪的是,他不断向她们解说,如果家中多添一个弟弟,该是多好的一件事。

他反复地说着,几乎是在对女儿恳求。而两个女儿都是严词以对,不是骂他胡说八道、大男人主义,就是说他食古不化、妙想天开。

原来,父亲真的是渴望有个儿子,因为老婆已过了生育年龄,他便想找别的女人为他生儿子,这件事在家族中已是一个公开的秘密。但是这个要求早被妻子拒绝了,为什么他至今仍然不断对女儿提出？最有趣的是,父亲要生儿子,怎么需要哀求女儿？

人人都说这父亲重男轻女,没有儿子便心有不甘。但若果真如此,他何必要受女儿的气,被她们骂得狗血淋漓？

两个女儿对父亲是毫不留情。大女儿更是咄咄逼人,把自己满脑子的不如意,都推在父亲身上。甚至连父亲制止她跳楼自杀,都让她怒气冲天。

她说:"那次我要跳楼,你来阻止,不由分说地就打我一巴掌。你为什么要打我？你凭什么来打我？"

父亲低声为自己辩护,他说:"我是被你弄急了,一时不知道如何是好,才打了你。"

大女儿并不接受他的解释。小妹也绝不落后,帮着姐姐数落父亲,当然也加上了她自己的一份不满。一宗宗父亲的无理、父亲的蛮横;父亲不是好父亲、父亲不是好丈夫,两姊妹轮流提出质问,理直气壮。

我初见年幼的小妹时，还以为她只是陪着家人前来，没想到她是如此口齿伶俐。

在两个女儿的围攻下，父亲显明地不是对手。母亲坐在丈夫身旁，却完全没有出手相助。只有在女儿闹得过分时，才不经意地说着："算了，算了，别吵了！"

奇怪的是她并不是叫女儿不要责备父亲，她只是叫女儿算了，意思是这错的实在是父亲！

原来这家中三个女性都是站在同一阵线，反而是那个背负恶名的男人，其实被拒之门外，毫无招架之力。

探索之下，才知道两个女儿都认为母亲是天下的大好人，父亲却是大恶人，让母亲受了很多委屈。只是母亲心中的那口气自己没有发作——一个旧式女性的忍受，却有两个新时代的女儿为她出气。

家人说："大女儿从小就十分听话，都是逆来顺受，对母亲尤其贴心。"很多小时不在母亲身边成长的孩子，一旦回到母亲身边，除了初时会因为恐惧再被抛弃而使性子外，往往都会死心塌地跟着母亲不肯离开。这少女也是一样，她口中老嚷着做人没有意义，不想活下去，但是，从她攻击父亲的语气听来，她生活的最大意义，就是数落父亲的不是，为母亲打抱不平。怪不得母亲根本不用向丈夫动气，跟前就有两个最得力的助手。

一个乖孩子，染上一个喜怒无常的情绪病，无疑是添上一项威力无比的武器。BPD的好处，就是发起疯来让人难以抵挡。家人无计可施，只好乖乖地被这个病牵着鼻子走。

我们谈了很久，其实大部分时间都是与两个孩子交谈，她们的父母虽然在场，但是一直都是处于被动状态。

两个女儿对父亲严词问责，对其他人却是十分有礼貌。在那一个多小时的谈话里，大女儿一点都不像一个精神病患者。她的思维缜密，谈吐有条有理，甚有逻辑。只是喜欢说些大孩子的负气话罢了。

看到小妹跟她一般仇视父亲，她甚至劝导她说："你如果继续这样，好几年后也会步上我的后尘！"

小妹吓了一跳，说："我没有那么严重吧?"因为她实在担心姐姐继续发病。

姊妹情深，一点也不像少女开始时所说的同胞相争，反而是两个爱护家庭的孩子，他们都为母亲担忧，设法把父亲乖乖地拴在家中，不让他出轨。

只是这个代价太大，尤其是姐姐，十七岁是个可贵的少女时期，注意力理应放在自己的分内事上，只是她的眼睛老盯着父亲，一脑子父母的事，却完全没有自己的事。

我把她拉到墙前一幅风景画前面，轻轻地对她说："你喜欢这幅画吗? 多美丽的花，多好的阳光! 在你这个年龄，眼睛应该是望向外面的世界，怎么你只看到父母?"

她若有所思地看着眼前的画，我不知道她能否成功地把父母亲遗留在后面。

这是我在深圳见到的一个家庭。这次出门，又一次见到很多放不下父母的孩子。很多人都以为 BPD 是属于个人的病，并且发病原因不详。但是从家庭关系的角度，我所见到的很多病人都知道自己的心结究竟捆缚在哪里，只是因为个中千丝万缕，很难说得清楚而已。

我对这少女说："我能把你的故事写下来吗?"她很高兴地回答："我会感到十分荣幸。"

我却想，她应该找寻自己的故事。

因为她的故事，长久地隐蔽在父母的故事中，完全迷失了

# 感 谢 对 方 存 在 的 日 子

　　小毓的丈夫去世了。病了好几年,起初以为是患了忧郁症,后来才证实是一种极罕见的癌症。

　　经历着最亲密的人步向死亡,最让人担心的是小毓。当时我远在香港,暑期回到纽约时,她的丈夫已经走了半年,剩下小毓一个人住在偌大的房子里。

　　她已决定把房子卖掉,搬到女儿附近居住,但是几十年来建立的一个老巢,一草一物都带着无限回忆,收拾起来特别费劲。好在美国房地产正在闹不景气,她的房子虽然与 Paul Newman① 同一条街,却一直乏人问津。

　　小毓索性利用这过渡时期,好好地把房子整理一番,多年来计划要做而又没有做得成的装修,都趁着这机会完成。

　　数十年没有换过的窗框,全部换新,后院里的一个久久没有完工的花圃,终于完成。

　　小毓在家中忙个不停,太多等待完成的计划,太多需要处理的事物。

――――――――――――

① 美国著名演员、赛车选手、慈善家。――编者注

她说:"本来一个人最怕黑,现在突然不怕了。生命的另一半离开了,阴阳阻隔,当中的距离一方面是远不可及,一方面又好像再也没有界限。"

我问小毓:"你寂寞吗?"

她说:"我不寂寞,我只是想念他!"

小毓是个爽朗的人,她一早就做好准备,知道怎样适应一个人生活的日子。

其实一个人生活并不难,最难的是要放弃二人世界那惯性的互相依赖。人在的时候,一切都好像理所当然,有时甚至会互相责难。人走了,才发现好像失了一只手、一条腿,让人总是情难以堪。

小毓说:"丈夫去世前,要求从医院回家居住,当时医生判断他最多只有七天的生命,结果他回家住了三个星期,每个人都很高兴,觉得已经是赚了两个星期的时间。"

小毓又说:"你知道吗? 那三个星期,让我们觉得十分接近。为了让他不用爬楼梯,我把他的床搬到楼下,他要求我在他身旁躺下,最后拥抱他一次,我们就是这样静静地躺着,感谢生命中的每一刻。"

"女儿从加州带着孩子回来探望他。我们一同感恩,一同寻求彼此宽恕。"

"最后那天,他说要回医院去,第二天就在医院逝去。"

小毓平静地向我描述她与丈夫最后的一段日子。她对每个近亲与好友,都作了同一表达,她喜欢这样做,因为这让她一次又一次地重温与丈夫的经历。

回忆原来是如此重要的一回事,如此具有威力地为我们保存着一些重要的人生片段。人走了,我们不能不放手,回忆是唯一让我们可以捕捉到曾经享有的生活点滴。

我听着，却深切地感到这并非小毓的故事，而是所有夫妇的故事。也许有一天，这也是我自己的故事。

　　我知道小毓会继续活得精彩，但是那将是另一个里程。天下所有夫妻的共处，都必须随着死亡而写上句号。幸福的人，可以无憾无悔地挥泪说再见；不幸的人，就只有数不尽的遗憾。最近看到一宗报道，当辅导员向一位新近丧偶的老寡妇说："你的日子一定过得很孤单！"那寡妇却答："我从来没有比现在过得更好！"

　　这故事的喻意在哪里？

　　也许并非每个人都拥有值得怀念的夫妻生活；也许有时真的是一个人活得比两个人更为畅意。从来都没有人可以保证婚姻生活会有怎样的质量，相反地，我们可以保证，每一段婚姻都有它分内所必须面对的困难。

　　但是三世同舟，百年同枕。能够共一枕头的人，怎样算来也是难得的缘分，只是矛盾当前，谁也不会记得这些简单的道理。

　　因此，当小毓谈起他们最后彼此要求原谅时，我十分感动。原来任何亲密关系，都有互相得罪之处。也许愈是密切，愈容易彼此伤害。

　　执子之手，与子偕老，只是一个理想的境界。你可以执子之手，吵个不停，彼此攻击，你也可以执子之手，各自修行。我最近见到一对夫妇，丈夫几经挣扎，终于对妻子说："你伤害了我两次，像两条刺，一直刺在我的心中！"

　　男人说着，激动得流下泪来，妻子却抢着说："你也伤害过我无数次！"

　　结果是一同算旧账，谁伤害谁更多！

　　他们没有想到，每一个受害者，都可以同时是施暴者。能够彼此求饶恕,是天大的好事。

　　一个人可以在临终之时,执子之手,说:"请原谅我多年来对你得罪之处,对你的不公道,对你的忽略,对你的批判;在你需要时,没有能够好好地安慰你;在你为我奔走时,没有及时感谢你;在我自己有压力时,不自觉地把你当作出气袋;在我悲哀时,刻意把你推开,让你不能接近;在你想活得痛快时,我总是这样不成那样不成,把你制止……"

　　随口说来,就有一连串甚至更多需要求恕的理由。

　　人的情感原来是如此脆弱,需要亲近的人安抚、慰问和疗伤。如果没有满足这些基本需要,最讲理的人也会变得无可理喻。

　　可惜的是,不到时日无多时,我们不知道珍惜。

　　英国名将威灵顿,婚后对妻子一直十分冷落,直到她逝世前,才亲近起来。他在日记中写道:"奇怪的是,两个彼此陌生的人,在他们最后的日子里,才开始发掘及认识对方。"

　　我以前认为,两个人在最后才找到对方,是多么的可惜,多么的浪费大好时光!

　　现在我却想,能够在消逝前把对方找到,是多大的好事!

　　人与人的关系不论长短,重要的是它的一分一秒。

　　有人说,我们每天起床,都要感谢自己的身体,自己的双手、双脚、眼耳口鼻,及一切五脏六腑,感谢它们继续为我们运作,继续为我们效力。

　　我想,在感谢自己身体之余,还要感谢我们的配偶,感谢他(或她)的包容、支持,及不屈不挠! 也感谢他(或她)的不足之处,及各种小毛病。因为最重要的,是感谢对方的存在!

　　这样,人走了,我们仍然可以继续感恩,因为他(或她)曾经存在过!

# 小 夫 妻 的 战 争

　　这对小夫妻有一对儿子，大的四岁半，小的不足两岁。他们说："看了很多书，都说孩子很受父母之间的矛盾影响。"

　　他们很担心，因为夫妻之间正蕴藏着一股危机。

　　他们究竟出现了什么问题？我却听了半天也摸不着头脑。妻子说她很气愤，却又说不清楚她气的是谁。由大儿子、小儿子的诞生，一直到搬家、请菲佣、选学校，一宗又一宗的不如意，娓娓道来，却又好像没有什么大不了的事。

　　唯一有趣的，是她所提到的每一宗事，好像都没有丈夫的份儿。提到他的时候，反而是强调他的透明度。

　　例如，她说：那次我大着肚子搬家，一屋子的杂物，婆婆差来的佣人却一点也帮不上忙。我家前面有个很开阔的海景，佣人只顾着在窗前看海。

　　我问："那你的先生呢？"

　　她答："他也跟着佣人一起站在窗前看海！"

　　我这才恍然大悟，原来她最气的是她的丈夫。

　　这么简单的心结为何不能直接说出来？这是一个微妙的现象，很多新时代的女性、工作上的女强人,在处理婚姻问题时,却是转弯抹角,非推她一把不能说到痒处。

偏偏那曾经发誓一生一世与她同甘共苦的人,不知道是真的不懂,还是假的不懂,总是觉得种种问题,都与自己无关。

这位丈夫也不例外,他说:"我太太的情绪,是有周期性的,不知是否与经期有关。她的压力太大,又没有减压的办法。"

我说:"我听她的话,好像带着一种求助无援的感觉。为什么有你一起生活,仍会感到这种孤单?"

我笑他们说:"你们是自由恋爱吗?还是有人用枪逼着你们成婚?"

这是一对现代典型的小夫妇:丈夫温文有礼,妻子仪态动人,同是受过高等教育,对婚姻、对孩子,都有一定的期望。也许毛病就出在这里,期望愈高,失望也愈大。

婚姻是一门易懂难精的学问,不单要学,还要发问。问谁?当然是问那另一半。

有趣的是,我们会问母亲、问朋友、问婚姻治疗师,就是不问对方。结果就是公说公有理、婆说婆有理。旧式的婚姻如是,现代的婚姻也如是。也许我们用的仍是上一代传下来的老方法,怪不得总是阴差阳错。

分析起来,这妻子最需要的是丈夫的关注,当她得不到这及时的关注时,当然不会好言相对,偏偏丈夫最怕的就是气冲冲的老婆。

男人说:"过去一年来,我不是不想接近她,只是每次都挨骂收场。见她总是凶巴巴的,有时我觉得她好像以捉我的错处为娱乐,我只有战战兢兢地做人,哪里敢问她需要什么?"

妻子愈想丈夫接近,结果愈把他赶走;丈夫愈走避,妻子就愈加情绪化。这种恶性循环是两性相处的大忌。很多夫妻的积怨,都源于这种互动。好些产后忧郁症，也是同一道理。

好在这对小夫妻察觉情形不妥，就赶快一起求援。

丈夫有丈夫的委屈，他说："我有很多话都不敢说，怕她生气。她全部精力都放在孩子身上，我唯有跟她的指示去做。"

妻子有妻子的不满，她答："才不是哩！他自己答应监督孩子练琴，却完全不理钢琴老师的指示，还赖在沙发上和孩子一起看电视。"

这也是近代父母教子常见的一幕，妻子总是把孩子的学习放在第一位，丈夫却宁愿与孩子玩耍。结果孩子没教成，丈夫反而成为家中的另一个孩子。

怪不得这小母亲看来十分忧郁，两个小男孩已经够她累了，无端端又多了一个老是教不来的大男孩。

我问丈夫说："有没有一些时候，你可以对妻子提议'老婆，孩子并不需要看得那么紧，我们两人自己去散心吧！'"

他说："绝无可能，她哪里会听我的！"

妻子却突然娇滴滴地说："你从来也没有这样拉我一把呀！"

这个被丈夫形容为凶悍的妻子，原来是可以柔情似水的。只是一旦被定了凶婆子的形象，就没有翻身机会。这次让丈夫看到妻子温柔的一面，才让他有胆量渐渐表达自己的心意。

其实夫妻关系的种种行为，都是长时间互相养成的。各人为对方固定了一个角色，这角色就自然地把每个人都锁住了，要打开僵局，必须要有一方愿意先退一步。

因此，我常会对婚姻不和的人说：如果对方真的像你说的那么糟糕，那就真的是无计可施。但是，万一是你看错了，那这婚姻就有救了。

好在不和的夫妻往往都错看了对方，或只看到对方那不堪的一面。

这对小夫妻其实十分可爱,作为两个年幼孩子的父母,他们最需要的是懂得玩耍,才可以配合孩子的需要。无端端憋出一股怨气,实在划不来。

大部分婚姻的问题,都是一宗宗小事的积累。当家庭面对各种外来的压力,在夫妻最需要彼此支持的时候,反而变得互相埋怨,彼此拒绝。

我们谈着谈着,忍不住三人都笑起来,太滑稽了。每宗认为大不了的事,其实都可以是很可笑的。能够笑,就再也没有大不了的事了。

我对妻子说:"也许我们现代女性都变得太过现实、太喜欢管教别人了。"

我告诉她最近看了一套昆曲的折子戏,女主角威风凛凛地独自在城墙上奋战围城的贼寇,她的驸马赶来时,贼子早已被她击退。她却娇柔无力地拉着丈夫的手说:"夫君啊!吓死我了,还好你赶来了,不然我真不知如何是好呀!"然后,二人高高兴兴地打道回府。

我说:"如果是我们现代女性,你猜会怎样?"妻子说:"必定破口大骂,你死去哪里?怎么现在才赶到,要是靠你,我早就没命了。"

我们都乐不可支。

我也希望所有丈夫都知道,发怒的妻子其实并不可怕,那可能是她最需要你的时候。

他们原本打算会谈后就回家看孩子,我说附近一家餐馆来了一位日本厨师,煮的东西特别好吃。如果他们好好地享受一顿美筵,那将是送给孩子最好的礼物。

他们真的放下孩子,二人兴高采烈地找那厨师去了。

# 你错，还是我错？

这妻子坐下不久，就对我说："我不期待你在短时间可以改变我的丈夫！结婚十年，我已经知道这人是无法可改的！"

我不知道如何回应，但是还是忍不住对她说："我并没有改变你丈夫的念头！"

她问："那么，我们为什么要来见你？"

为什么要见婚姻治疗师？是个有趣的问题，也许要问的是，什么是婚姻治疗？从何治起？

各家各派当然有不同说法，但是归根结底，婚姻是个奇怪的体制。两个不同的人，结合在一起，漫漫路途，不知道需要经历多少挑战和考验；这旅程有如唐僧取经，过了一关又有一关，却没有神通广大的齐天大圣来搭救，只有两个人二人三足地绑着前行，当然是困难重重。

怎样成功地走过婚姻的路程，夫妇必须有共同解决问题的能力。这些能力并非与生俱来的，而是一宗一宗地从错误中学习，跌倒、爬起来，再面对、又再学习，那是一种身经百战才养成的智慧。

怪不得近代社会的离婚率平均达到四成以上，可见并非每段婚姻都有能力走完全程。婚姻治疗就是当婚姻亮起红灯时，让夫妇冷静下来，好好地探索两人之间究竟出现了什么问题，一同寻求解决办法。

如前所言，问题是一定会产生的，关键是夫妇二人怎样去处理。

最近见到一对夫妇，他们说，常常会因很小的事情就吵起来；包括雇佣的工作安排，或怎样打扫房子，都会造成夫妇的大爆炸。

我说："我知道雇佣是有足够能力把每个主妇活活气死的，但是我不知道为什么佣工问题会成为你们夫妻问题？除非你先生站在雇佣的一边。"

妻子说："就是那样，他永远以为我是无理取闹！"

这个例子，其实代表了大部分夫妻之间的矛盾。应该是两人同一阵线的形势，却往往变成两人对峙的一个局面。无论在处理上一代及下一代的问题上，都是同一个道理。结果不但问题处理不了，还会造成双方对彼此的一种怨恨。

因此，无论婆媳问题、孩子问题，反映的都是夫妇问题。夫妇同心，没有解决不了的难题；但是要矛盾中的夫妇合作，几乎要比取他们的命更难。

有趣的是，如果你问夫妻为什么不能好好相处，他们大都会告诉你一宗又一宗的事项、谁是谁非。就拿前面那个雇佣做例子，女的会强调佣工不是之处，男的又会辩护自己的立场。争论了半天，把注意力都放在事情的错与对上，让旁人忙着为他们分析，却走漏了问题的关键：并非在于雇佣的对与错，那只不过是夫妻借以表达彼此怨怼的话题而已。

我在夫妇关系的一项研究中，收集了很多夫妇的对话。发觉无论双方争吵的话题是什么，由三代纠纷，以至孩子处理；由起居饮食，以至闲话家常，反映的都是对彼此的不满，只是借题发挥罢了。

因此，要了解一段婚姻的核心问题，就需要先了解他们究竟对彼此有什么不满？奇怪的是，婚姻触礁时，往往不是一些大问题，而是日积月累的小不满，让双方都无法接近对方；又因为长期无法接近对方而积怨更深，形成一种独特的互动模式。要求对方改变，却又不相信对方会变。

最可悲的是，当对方真的尝试改变时，另一方又会因为害怕失望或种种原因而不但不多加鼓励，反而不停地向对方泼冷水，让对方裹足不前。

要寻求亲密关系，实在需要一颗不怕刀枪的心，不然老是怕被伤害，又怎敢接近别人？最糟的是不只不能接近，还会拼命把半辈子的失望都怪向对方，这种夫妻形式实在让人惨不忍睹，但又不时出现。

因此婚姻是需要治疗的，因为它往往都会受了伤。而受了重伤的婚姻中人，会不顾一切，把双方都抓得鲜血淋漓，甚至在伤口上撒盐。在这种情形下，实在需要有个冷静的环境，让他们都安定下来，再作商议。

因此，婚姻治疗并非一个改造人的工厂，把你不满意的男人（或女人）改造过来，让你满意接收。相反地，夫妻的矛盾绝对不是单方面的，双方都必须愿意反省，究竟自己是否也有责任，一起造成这个僵局？如果僵局是两个人都有份的，就要一起去解困。

怎样把两个破坏婚姻的人变成两个为自己婚姻疗伤的人，才是婚姻治疗的目的。

如果你确定对方才是罪魁祸首，就不必浪费时间，干脆把对方一脚踢走，或自己溜之大吉就是了！

因为婚姻本身是有生命力的一个体制，它不会永远停留在同一个位置。毕竟双方都要有意愿作出改善，把一部死了火的老爷车重新发动。没有这个基本的意愿，就会寸步难行。

有一位老朋友告诉我，她曾经找过一个最著名的婚姻治疗师做辅导。那治疗师一开始就叫夫妇二人,想象自己是一只动物,在怎样的一种婚姻状况下运作。

朋友说,她立刻想到自己是一只小白兔,在一条黑暗的地道中,只想向着远处的一点曙光奔跑,她当时就知道,自己要逃离这一段婚姻。

这次婚姻治疗的经验,只加速她对离婚的决定。她对身旁的男人已经完全没有兴趣。没有执子之手的向往,就只有各走各路的前程。

也见到一对夫妇,已经分居两年,丈夫希望妻子让他回家;妻子不是不想他回来,但是回来是附带条件的,每项条件都让男人暴跳如雷。最棘手的地方,是两人连面对面谈话都不愿意,又哪有商量的余地?好不容易让他们开始对话,却是双方都有万分怨恨,只想算旧账。

明显地两人都伤害了对方,却没有人愿意低头。他们以为夫妻沟通,是要把全部恨意和盘托出。结果不是和解,而是打擂台,一拳拳对准对方的要害直攻;说是言和,但是在紧张关头,只顾着把对方打沉。试想想,如果夫妻基本互动模式不变,即使复合,也只是延续恨意。

因此,即使希望与子偕老,也要找到共处的良方。

要为一段满是瘢痕的婚姻疗伤,双方都需要作出很大的改变。绝对不是只去改变一个人,而是两人都愿意伸出承诺的手,化干戈为玉帛,一同学习互动、互救、互慰、互相珍惜!感谢对方没有跑掉,感谢还有机会亡羊补牢,挽救前半生的不幸。否则,即使你赢了眼前这场争吵,输了的却是这段婚姻!

# 夫 妻 共 舞

这位女士说，她结婚三十年，一直没有好日子过，处处受着丈夫的控制，毫无反抗的余地；直到近年，她开始努力进修，上了很多课程，才作了很大的改善。

说着说着，她愈来愈激动，一宗宗的旧事，一桩桩的不满。我其实只听到她的情绪高涨，并摸不清她的前因后果。

丈夫坐在一旁，一脸无奈的表情，对妻子的控诉，毫无反应。

他们的两个成年子女，却是十分踊跃地提供意见。两人都异口同声地为父亲抱不平："母亲实在太过凶恶了！一开口就是骂人，谁都说不过她!"

这是一个有趣的现象，母亲觉得自己是婚姻的受害者，她的孩子却把她形容为"虎妈"。

好不容易让丈夫说起话来，却发觉他同样是见妻如见虎，根据他那腼腼腆腆的陈述，大部分时间都是被太太骂得体无完肤，只有逆来顺受的份儿。言下之意，他才是受害者。

研究谁是真正的受害者，一时间真的是难以分解。婚姻是一个十分复杂的配合，两个人怎样结起婚来，又怎样度过他们的日子，当中实在太多神推鬼使的因素。

是天下有情人终成眷属，还是不是冤家不聚头？两个来自不同背景的人，要走在一起，怎样面对路途上的崎岖？

在家庭治疗发展的早期，有学者就用舞蹈来形容家人的互动，要了解一对夫妇出现了什么问题，只要留心他们怎样共舞，就可见一斑。

像这一对夫妻，表面看来，是妻子不停数落丈夫，丈夫无言以对。但是如果仔细观察，就会发觉他们其实是一个追一个跑；一个想尽办法去逼对方回话，一个却千方百计避之则吉。而且一个愈追，一个就愈跑；一个愈跑，一个就愈追。

在过程中，他们会花样百出，提出各式各样的理由去解释自己的行为，让你听得糊涂。其实这一追一跑的夫妻舞步，是天下间最常见的夫妇形式；而且与性别有关，追的多是女方，跑的总是男方。

很多不合拍的配偶，都会说是性格不合、价值观不相同，或是对方正在更年期，精神出了毛病，总之与自己无关。果真如此，这段婚姻就真的没有希望，只有死忍，或是分手。

好在这些似是而非的审判，大部分都是不能成立的，因为夫妇是一个互相训练的过程，很多行为都是互相塑造而成的。一个为什么要追，是因为对方不断地跑；一个为什么不断地跑，是因为对方死命地追，这是一种恶性循环，而且由结合开始就潜移默化，不知不觉地形成一种不断重复的行为模式。

最糟糕的是当这种形式出现时，双方都会理直气壮，咬定问题出在对方；因此，每一段婚姻，都有两个受害者，也有两个行凶人！

例如，上述那对夫妇，妻子一直对着丈夫骂个不停，治疗师愈要与她讲道理，她愈据理力争。由嫁入婆家开始，没有一宗事不是与丈夫的态度有关，三十年的旧账，怎样也算不到底；丈夫愈沉默，妻子的怨气就愈大。

单看个人行为,这不单是个"虎妈",也是一个"虎妻"。并不是她不知道丈夫有多痛苦,她说:"我知道你也不好受,但是我不骂你,这气怎消得了?"

她补充说:"我知道自己很凶,像泼妇,但这泼妇完全是你所造成的!"

我也赞成她的说法,泼妇真的是丈夫造成的! 只是丈夫的"罪过",并非基于在哪里辜负了她,而是因为他跑开了,不肯陪她舞下去。面对他的懦弱,她只有加倍地发作。

河东狮不是天生的,既然丈夫有能力造成妻子的凶恶,也必有能力把她变成小鸟依人。关键在于双方都要愿意改变自己的形式。

改变的第一步,就是要把跑掉的人拦住,让他不能轻易溜掉,再静观其变。

丈夫如果挨得住妻子的唠叨,她们一般都会平静下来,因为很多妻子都说,在自己失控的时候,最需要丈夫不要走开;用手拍拍她们的肩头,最好给她们一个拥抱,一切就容易商量。但是要求一个丈夫在认为妻子无理取闹时,不但要按下自己的怒气,还要好言相对,这男人可非有大将之风不可。

只见眼前这个无可奈何的丈夫,十分不情愿地回应着妻子,妻子乘机又痛快地骂他一顿,细数他不是之处。

这才发现,妻子其实十分享受这种对丈夫的折磨。对于某些人,情绪的泛滥是要求亲近的表达,也同时是与人接近的一种激情;只可惜吓坏了这个毫不习惯表达、情绪也不激情的男人。当治疗师指出这个观察时,妻子十分同意,甚至有一种终于遇到"知己"般兴奋。原来她需要的是探戈舞的豪情奔放,他却像个假人似的任她抛起掷下,怪不得总是让她觉得不对劲。我不知道丈夫是否也享受这种完全被动的角色。但是,三个小时下来,他们仍是保持着同一种互动形式:一个愿骂,一个愿挨。这种共舞真的让人惨不忍睹。

这是我们研究院的一个教学个案。一整个团队,陪着这个家庭闹了一个晚上,夜已深,我们都还没有吃晚饭。

我记得曾经问过一位高僧,为什么每个人都希望活得快乐,却又千方百计地让自己及身边的人活受罪?怎样才可以为他们指点迷津?

那高僧对我说:"有理说不清时,我就会当头棒喝!即使没有效用,也会很好玩!"

因此,我灵机一动,对他们说:"你们都说要改变,却各自费尽心机去维护那三十年来把你们困死的老方式。我们治疗师也有丈夫及妻子,正在等着我们回家!你们究竟打算以同样方式度过以后的三十年,让自己一辈子苦涩,让儿女为你担心,还是放下屠刀,一起学习怎样活得更好?"

有趣的是,那对夫妻听了我的话,真的像被人打了一棍,停了下来。

我又乘机对妻子说:"如果你想骂人发泄,就继续让他受罪;如果你想补救婚姻,就要学习感恩,感谢他被骂得狗血淋漓,仍然留在你身旁。他无论过去有多少不是,毕竟是你的另一半,除非你不想要他,要的话就要郑重地对彼此做个承诺,学习怎样互相尊重!"

他们真的伸出手来,一言为定!并非这样就能解决问题,但这毕竟是一个开始!没有这一步,就不会有下一步,如果前三十年过得不好,下三十年将会更糟!

而我们每个参与这过程的治疗师,在回家路上,也无可避免地,仔细想想自己家庭的舞蹈!

# 小 鸟 依 人

这太太说："我最希望做小鸟依人，依靠在丈夫身上。"

丈夫却说："你什么时候做过小鸟依人，大部分时间都是像一只大麻鹰！"

在很多不幸的婚姻中，我听到最多的是类似以上的对话。

女性对婚姻的失望和怨怼，好像大都针对丈夫无法在人前保护自己，无法配合自己的需要，无法完成自己对婚姻的梦想。而很多这些"不及格"的男士，又好像没有什么大不妥的地方，只是一般凡夫俗子。也许就是因为他们太平凡，与我们理想中的白马王子实在差得太远，让我们无法在婚礼后就达到童话故事的结局：从此就快乐美满地生活！

最近在一间发廊理发，看到一本流行的英国女性杂志，其中一篇有趣的文章标题为："男人可以被改造吗？"

作者认为，没有一个女人不想改造男人：让男人穿着合时，叫他谈吐得体，教他把工作做得更好、更成功；吃什么、不吃什么，事无大小，对很多女人来说，持家之道，就是把丈夫由头到脚地大修茸。

偏偏大部分男士都不是"可造之材"，你愈逼他，他愈跑掉。难怪一些研究指出，这女追男躲的互动模式，是天下间最普遍的夫妻现象。

也许大部分女人都选错了丈夫,只有穷一生之力去改造对方。但是我们必须了解,这是制造不幸婚姻的配料,也是造成痴男怨女的一种饼模,印制出一份份样貌相同味道各异的苦涩。

有些女士以为,不去改造对方就是不再提出要求,但这只是负气话。

有一对夫妇,太太因为生丈夫的气,发誓从此不再找他帮忙,但是这股气只会把她憋得更为咄咄逼人;丈夫只好消极地避入厨房,默默地把注意力集中在煮食上去。

我问他:"你煮的东西好吃吗?"

他的妻子抢着代答:"煮食并不是他的强项;教孩子做功课也不是我的强项,为什么他就偏偏不肯与我交换?"

男人说:"孩子都不听我的话,见了你才肯做功课;你都觉得我没有用,他们又怎会听我的? 我煮饭就是了。"

我问他:"你为什么接受这样的一个位置?"

他苦笑说:"无奈!"

一个无奈的丈夫,当然不会给妻子提供一个可让对方依赖的肩膀。

最有趣的是,当这男人愿意重新调整彼此的分歧,更换角色时,妻子仍然不能放松。

在反省他们的改善进度时,她说:"我已经努力让你做一家之主,但是你从不懂得把事情预先安排,总是发生了问题才去处理……"

这次丈夫反驳她说:"如果事事都要依你的办法去做才是对的,那究竟谁是一家之主?"

也许这就是现代女性的矛盾:一方面想做小鸟依人,一方面又要做一家之主,或一家之主的"总管"。这其实是自讨苦吃。我想,归根结底,始终是因为很难放下改变男人的习惯。

也有一位妻子，提起她想做小鸟依人的心愿，再看看身旁那毫不起劲的丈夫，愈想愈气，结果骂他一顿不止，还跳起来打他几个巴掌，吓坏了旁人。但是，如果你留心聆听她的控诉，她表达的其实是女性心底一种对眷侣的向往，希望一个比自己强的男人做伴。偏偏是大部分男人都不能面对凶巴巴的妻子，总是借故溜之大吉。

曲高和寡，唯有努力把对方大改造——只是改造出来的大都成为科学怪人。怪不得连提起这个话题来，都会让这女士无名火起三千丈。

其实现代男女的性别发展，已经不像过去一般角色分明，"男主外，女主内"的观念，一早就因为女性投入就业行列而不再产生效用。我们知道，女性身上也具有雄性的元素，正如男性身上也具有雌性的元素一样。因此，女性绝对可以在工作上独当一面，但是奇怪的是，这些在外面叱咤称雄的女性，心底里最渴望的，依然是一个可托终生的男人。

是这数千年文化为女性所塑造的角色，仍在我们的潜意识中生效，还是因为天下所有女性（及男性）都希望有个理想的情人，与我们一起度过这漫长的人生道路？而缺乏深层次的亲密关系，所有成就都是苍白而孤独的。

也许这就是"小鸟依人"背后的情意结，女人需要的不单是一个巢，更是一种温馨，一种受保护的骄矜。

女人的这种心态，她们的男人并非不能理解。问题是男人也有男人自己的情意结。正如女的要做小鸟，男的也需要做一家之主，这是整个大社会与家族观念压在他们身上的重担。只是这一家之主愈来愈不好当，因为很多妻子要求的不只是一个发号施令的大男人，而是一个与她同商同量的伴。不幸的是在这磨合的过程中，呈现的往往不是问题的解决，而是一种微妙的权力斗争。男的往往因为口齿不如女的厉害或其他因素,沉默下来,但是他们的消极抗议,只会把女的迫得发狂。

在这种纠缠中,女的会愈加发挥雄性的威风,男的却愈加趋向雌性的柔弱。没有一家之主,就不会有小鸟依人,只有两个受伤的伴侣,继续因为自己的失落而去伤害对方。

夫妻的最大矛盾,就是无法接近对方。当然其中还有很多情感的因素。遇到这种情况,独自盲招乱打是很难发挥作用的,婚姻治疗就是提供一个让双方冷静下来的平台。并非问题就因此解决,但是起码可以探讨这段关系究竟出了什么岔子,一同找寻新机。

在很多先进国家,因为注重婚姻的质量,很多夫妇都会寻求婚姻治疗以改善彼此关系。但是中国的家庭,却往往因为孩子出了事,才迫使父母不得不面对夫妇之间的冲突。因此,即使见了治疗师,也大都是公有公理,婆有婆理。

他们不知道"公有公理,婆有婆理"本身,就是问题的所在。怎样为小鸟依人找回一家之主,是现代家庭的一项大挑战。佳偶不是天成的,需要长久地学习,及不断地耕耘,还要找到好方法,才会结出果实。

# 婚 姻 的 缘 分

　　我正在湖边度假，眼前一片绿水，绿得让人一脑子的慵懒，朋友的一个电话，却给我带来一个天大的难题。

　　朋友说："我知道你正在享受着难得的假期，但是这个案子你非接不可，否则一个大好家庭就白白毁了。"

　　真有如此严重的事吗？我忍不住好奇起来。

　　原来朋友的朋友，正在闹婚外情。她认识一个比她年轻十年的男子，不出数月，便闹得沸沸扬扬，不可收拾。

　　婚外情往往是一段秘密，最好是神不知鬼不觉。但这女士的婚外情缘，却是人尽皆知，连她两个已上中学的儿子，都知道妈妈找到新男朋友。两个孩子是加拿大土生土长，同父母亲那较为传统的婚姻生活，本来就有点格格不入。

　　现在传统家庭出现如此不传统的问题，让他们更是摸不着头脑。父亲本来就不善言语，家中发生这种大事，三个男人总是相对无言。在母亲愈来愈缺席的晚饭桌上，只听到男人咀嚼食物的声音，打破一屋子的沉寂。

　　没有人愿意见到家庭的破碎，尤其是移民家庭。这些家庭本来就生活在主流社会的边缘,他们的主要乐趣,就是以家庭为主体,一家人同出同人,尽可能维持一些老习惯与旧观念。

多伦多是个多种族文化的社会,不同种族都会建立自己的地区,街道上也以这些种族的文字命名,民族意识鲜明,界线也分明。每个种族都以把自己文化带入这个大社会为荣。

但是,婚外情究竟是谁的文化,却谁也不愿意认领。大部分人都说这是西方文化的影响。

移民心态的好处,就是所有认为好的东西,都是自己带来的,所有认为不好的东西,都是属于西方社会的。

只是无论你接受不接受,有些事情确实是发生了。在如此保守的一个社会机制里,这女士怎么忽然要突围?有趣的是如果这件事发生在男士身上,也许谁也不太注重,偏偏这是一位女士,而且是中年女士。对关心或不关心她的人来说,都有另一番喻意。因为她的选择,对所有安于呆板生活的家庭主妇,都带来一种威胁。朋友要找我帮手,其实也是迫于无奈。

明显地,她已经与另一些好友对这女士作过无数分析与劝诫,全部起不了作用,才想到要找我,希望我有更好的办法去阻止她的激情。

朋友不知道,我们外人能够想得出来的理由,当事人必定比我们想得更清楚,利害关头谁不懂得盘算?为什么取其利而不顾其害?也只有这女士自己才知道。

我反正对着湖水胡思乱想,干脆卖朋友一个情:我不接个案,但是如果女士想见我,我就见她。

我们在湖边的木板路会面,一边走一边谈,累了就沿湖而坐,坐够了又再走。

这女士衣着平常,穿着运动鞋,直头发往后梳起用发夹扎住,不施脂粉,是个典型的中年妇人,一点不像一个正在闹婚外情的女人。

什么才是闹婚外情的女人模样?我的用词实在有点不妥。也许在我的潜意识中,也存着一种认为这女士必定是昏了头的意念。没想到一个普通的家庭主妇也可以有非分之想。

她也没有特别描述她的婚外情,只是简单地介绍了一些个人及家庭状况。这些背景也实在是很平淡,完全没有特别之处:平淡的婚姻,平淡的生活。

结婚二十年,丈夫是家中亲属介绍的:当时他正准备移民加拿大,家人认为最好找个成家的伴。他们就是在这种情况下急急成婚。

来到这个冬天连人都会结起冰来的雪国,夫妇唯一的梦想就是找到立足之地。他们是白领阶层,多年来一级一级做起,由基层做到主任的位置;在郊区买了屋,生了两个孩子,生活中总有忙不过来的事,二十年就这样一晃而过。

孩子一直是她的最大慰藉。但是他们已经快入大学,再也用不着她的全部关注。生活安定了,才发现两口子全无共通之处。她说:"为了教育孩子,我一直努力地投入外国的社会,看外国电视,参加外国人的活动。但是我的先生却一点也不投入。"

她说:"我知道他爱孩子,但是他不知道他那权威性的教育方式,对这一代青年人是全不受用的。"

"十几二十岁的孩子,哪有仍然肯跟着父母活动的?他却每个周末都逼着孩子一起上餐馆,逼着他们说中国话。"

"现在他想不放手也不成,孩子在周末都失踪了,剩下我们两个人,才发觉没有孩子的生活,就是没有了生活。"

丈夫把所有时间、空间都花在修葺房子及打扫花园上，人人都羡慕他家那个鲜花灿烂的庭园。女士就参加青年会主办的运动舞班，在那身躯不停舞动的乐韵中，找寻一点血液快速运行中的痛快。

她就是在那里遇上她的情人的！一个来自波兰的移民。

像很多欧籍男士，情人对女士照顾周到，为她拉椅子、开车门，她说话时他会全神贯注，用深沉的眼神对她凝视。

她说："我知道这也许是很表面的东西，但是他让我觉得自己很重要，让我觉得自己真的存在着！"

她又说："在床上，他让我学到什么是两性相投的温柔，那是我从来都不知道的！"

我问："看你先生如此爱护花草，他应该不是一个不解风情的男人？"

她答："他所有浪漫都投入护花中去，我有时从屋内偷偷看他在后院里，深情款款地把花朵捧在手中细看，真让我有点人不如花的感叹。"

丈夫爱花，却不能把妻子当作花一般爱护；妻子要求被花一般欣赏，只有另找其人。人与人之间的情缘就是如此阴差阳错。

我回到我的湖边，看着绿水一波又一波地流动。记得有一位希腊哲学家说过：世上一切都在不停改变，而且这些改变会不停发生冲突。他的名句就是："你永远都不可能投入同一条河流两次。"因为河水是不会停留的。

也许婚姻也是同一回事。不管男方或女方，其实都在不停改变，而这些改变，也往往会产生矛盾。那女士说她的丈夫不懂得激情，其实她也没有说得全对。因为每个人都需要找到自己的情怀，才活得下去。无论那是花、是情人，或是其他不可思议的选择。只有这样，我们才能找到存在的意识。

幸福的人，会在这过程中找到对方一同成长；无缘的人，就很自然地各走各路。

要维持婚姻的缘分，有时双方都得把对方当作鲜花一般，除虫、浇水，常加呵护。而且，还要不时向对方说些好话。

我挽救不了缘尽的婚姻，只有未雨绸缪，先向未出事的婚姻，注入营养素。

# 劫 后 余 生 的 婚 姻

婚外情过后,夫妇如何收拾残局?

这是我在台湾见到的一对夫妻:丈夫坐立难安,妻子却是理直气壮。

她说:"这多年来所受到的苦,让我痛不欲生。这一股恨,我是不吐不快。现在,我要做个小公主,这个梦非圆不可。"

丈夫却说:"我不是已经乖乖地什么都依你了吗?已经做到百分之八十,要做到百分之百,是不可能的。"

丈夫的话,其实是对我和郭医生说的。

郭医生是这家人儿子的精神科医生。本来是儿子发病,要打爸爸。好在郭医生同时是一位家庭治疗师,他很快就发现,孩子打爸爸,是因为爸爸伤害了妈妈。

儿子的失控,倒是成功地把爸爸妈妈带到郭医生面前。只是要治疗的并非儿子,而是父母劫后余生的婚姻。

郭医生请我一同会见这父母。

原来丈夫已经放下维持多年的婚外情,回到家中两年,只是妻子的恨意仍然很重。她说:"每当见到夏威夷或檀岛的字眼,就会情绪高涨。因为丈夫曾经把情人带到那里游玩。"

不单如此,丈夫的任何蛛丝马迹,每一个来电,每一句留言,都让她无法安宁。

婚外情是婚姻的大地震,挨得过这一场灾难,也会后患无穷。一旦婚姻失去信任,便谁也没有好日子过。

妻子继续投诉她的怨恨,丈夫如坐针毡,一脸委屈。犯过错,这一辈子也难以翻身,连儿子也对他不加理睬。

被丈夫背叛的妻子,一方面渴望丈夫回头,一方面又会对回头的浪子严词逼供。结果是丈夫虽然回来了,一晃眼两年,两人仍是处于僵局:一个是咄咄逼人,一个是逃无可逃。如此你追我赶,也难为他们可以挨两年。

妻子重复表达,她要做个小公主! 丈夫要完全地宠她、依她,让她苦尽甘来。

我们也不明白怎样才是小公主,只有问丈夫说:"可以宠她一回,圆圆她的梦想吗?"

毕竟他伤害了她,做些补偿也不太为过吧? 没想男人好像谈虎色变,立即拧头甩手。

他说:"我已经万分将就,但是她仍然不觉得满意,我也没有办法。"

这又不成,那又不成。两人不像有意收拾残局。女人说:"我也知道不应该这样,但是无法控制自己的感觉。"我们也不知道如何为妻子扯平,是否让她也出去偷情? 这提议当然立刻被她否决。

既然谈不来,我们请他们把自己的要求,用纸笔写下来,一人一宗,然后交换。

两人真的静了下来,妻子全神贯注,写了好一回。丈夫却是呆了半天,写不出只字片语来;最后迫于无奈,才写了两句。

妻子的要求，是丈夫不要老苦着脸，让她沮丧。

丈夫说可以，但是妻子也要答应不再在他面前调查他的每个来电。他说："你可以在我背后追查，只要不在我面前，我无法忍受。"

妻子反驳说："我为什么要偷偷摸摸，我为什么不能光明正大？"

怪不得男人不肯面对妻子，面对的话就免不得要吵架。

我们问他说："她的恨意那么深，你愈避开，恨意就更增加。如果你真想挽救婚姻，总得为她消恨，你有想过向她求饶吗？"

他说："绝不能这样做，她会得寸进尺。"

男的愈不肯动，女的就愈不满，愈断定对方不把自己放在心上。

两人都是如此执著，说是要补救婚姻，实在是拿婚姻出气。

我说："我不知道怎样对一个受伤害的妻子说，你这种处理问题的方式，只会把伤口抓得更伤。我也不知道怎样对一个被妻子愤恨吓跑的男人说，如果你不怕她给你气受，不要跑开，你也许会发现她并不是那么可怕。"

因为要解决他们的困局，必须有一方愿意打破这个恶性循环，现在是他退一步，她迫一步。如果他肯进一步，也许她也会退一步。

果然她说："当我情绪发作时，其实他只要前来抱抱我、说句好话，我就会平静下来。"

男的犹豫了好一会儿。提出一万个不能这样做的理由，其中包括自己来自传统家庭，不习惯在人前搂搂抱抱，有损中国男人的威严。但是我相信最大的原因，还是基于种种原因，难以接近妻子。

有趣的是，女的虽然看来好像蛮不讲理，像讨债似的要求对方补偿，但是在整个谈话过程，她已经作了多次退让。由要求做小公主，退而只求对方一句好话，男人再不领情，只会继续为自己找麻烦，除非他不想回家。

最后,他终于坐到妻子身旁,用手搂着她的肩膀,妻子拒绝了一会,还是很满足地把头放在男人怀中。

我向她开玩笑说:"你可以捉他上刀山、下油锅,让他生不如死,但是总要有个限期,要罚他一天、一周,还是一个月?"

她占了上风,忍不住又说:"我不知道要多久才成!"

我说:"我六个月后就会再来台湾,到时我希望再见你们一次,但是我要看见你们好好地像成年人一样处理你们的婚姻。如果你们仍是维持僵局,我就会找郭医生算账!"

他们都说,不能让郭医生为他们代罪,总得自己争气。

两人终于拉着手离去。

并不是说这样就解决了他们的问题。但是起码彼此都有一个互相转变的承诺,才有改善关系的可能。连第一步都卡住了,就寸步难行。

婚姻是一项艰巨的工程,没有事时都需要双方不停努力维持,何况出了婚外情的巨变?只是这般庞大的打击,双方都会被打得天崩地裂、昏头昏脑,只有还击的本能。一时间要求当事人明智应付,真是谈何容易。

这虽然是个台湾的例子,也代表了大多数婚姻在劫后余生时,一些自然的反应现象。

# 当 婚 姻 完 结 时

婚外情的结局起码有三种：一是对方放下外遇，决定回家；二是对方不肯放下外遇，也不想离婚；三是对方决定离婚，跟从外遇。

第一种结局，对家庭当然是最理想的：负心人终于回头是岸，回来任你宰割，让你苦尽甘来。

第二种结局，却让人哭笑不得，对方要的是鱼与熊掌。你无法知道自己是鱼还是熊掌，决定权好像是放在你的手中，但是要放弃嘛，又不甘心把自己的另一半双手奉送给别人；要不放弃嘛，又怎忍得下那一口气。这是一个让你完全不能动弹的位置。

但是第三种结局，却是婚姻中人的一个噩梦。曾经誓言至死不渝之人，却突然宣布婚姻死亡，让你天旋地转束手无策。

我这天碰到的就是如此让人无计可施的一个局面。

起初，忐忑不安的妻子呕心沥血、诉说着自己心中的矛盾：丈夫与情人所留下的蛛丝马迹，那留在垃圾桶的字条、那带着第三者气息的衣物，都让她心中隐隐作痛。但是，她愿意宽恕，她不能失去他。

她独个儿不断地剖白，把心都掏出来了，也许她实在害怕丈夫的回应，所以只好用说话霸占了整个空间。虽然，两人都同意这次要把事情解决。

丈夫也像是犹豫不决,不过他明显地已做好心理准备,抓紧机会,终于清楚地对妻子说,他已打算离去。

一个简单的回应,就宣判了婚姻的死刑。

可以想象妻子此时是如雷贯耳,完全乱了阵脚。但她仍然努力地保持镇定,继续与丈夫交谈一些细节的安排。只是当你的心在淌血时,所有交谈都是迷糊不清的。

她挣扎了好一会儿,突然也宣布,说:"我绝对不会同意离婚! 这违反我的宗教信仰!"

一个说要走,一个说我绝不会让你走。

婚姻的僵局,莫大于此。

妻子跟着提出一些细节问题,都是杂乱无章的。有同学问我说:"她是否仍处于否认心态,没有接受现实?"我却认为:此情此境,能够维持理性谈话,已经十分不容易。丈夫要一刀两断,如此残酷的现实,有谁可以马上接受?

我们都知道,如果分手是无可避免,就要以最小的伤害为处理原则。但是,知易行难,怎样才算是最小的伤害? 当双方都是遍体鳞伤之际,往往不自觉地也会向对方甚至自己多插几刀。

这夫妻已经是我所见当中极为理智的一对,彼此都尽量减低敌意。即使如此,婚姻完结的伤害,依然清楚地笼罩着他们。也许因为表面上的冷静,让那一股伤害,显得更为凄惨。

离婚,是婚姻的死亡。

但这不等于没有垂死挣扎。此时的妻子仍然是不甘心,她在悲愤之余,仍不断发问:"我究竟做错了什么?"人都要走了,何必煎熬自己,继续自责？

好在这丈夫还算负责。他说："这不是你的错，此事绝对不怪你，这完全是我自己的问题。"

哪有与自己无关的婚外情？但是丈夫口紧得很，妻子禁不住又想知道情人的底细。她长得怎样？做什么工作？你们是怎样认识的？她哪里比我强？

丈夫回答："我不会回答你这些问题，因为只会给你带来更多伤害。"

男人这种斩钉截铁，看似无情，但是关系到了尽头，信息清楚也是让对方不存奢望的一种做法。女人的苦苦追寻，也是她必须经历的过程，如此才可以死心。

事情发展到这个地步，妻子的种种挽留，明显地起不了作用。他们的对白，慢慢地就变成是一种完全的无奈、无助和无话可说。

婚姻是有生命的，与人的生命一样，当婚姻的生命走到尽头，无论你有多么心不甘、情不愿，都得披上黑纱，把一段婚姻送入坟墓。

只是，别忘了他们那个八岁的女儿，默默地看着这两个给予她生命的人，怎样一分一秒地彼此背离。

这孩子没有说话，但是她的眼睛和面部焦急的表情，却比任何话语都表达清楚。

他们知道，不做夫妻，但仍得做父母。如果不是为了孩子，也实在无须在婚姻死亡时，仍然坐在一起对谈。

即使他们一时之间无法解决离婚或不离婚的争执，总得要向孩子作个交待。

父亲关怀地拉着女儿的手，说："爸爸妈妈之间是出现了一些问题，我会搬出去住，但我们仍然一样爱你，那绝不是你的错！"

男人的话是离婚家庭对孩子的典型解释,这一番话说得不错。只是让我禁不住去想:不是妻子的错,又不是孩子的错,也很难说是丈夫的错,谁都没有错,为什么每个人都感到那般沉重?

这是我在家庭治疗教学的一个示范个案。目睹一个婚姻的破灭,以及破灭时双方所经历的种种心路历程,让我们参与的专业人士都有点触目惊心,甚至人人自危。

有同学甚至哭了,她说:"是为那孩子流泪。"

基于种种理由,离婚是现代社会一个普遍现象。Constance Ahrons 的一本经典著作《好的离异》(*The Good Divorce*),处处提醒我们不必以全部灰色的眼光来看待离婚。很多研究也指出,百分之五十的离婚家庭,如果处理适当,依然可以给孩子保留一个"完整"的家庭意识。因此,离婚也可以是一个新开始。

不过在重新建设之前,我们不能不面对婚姻被宣布死亡那一刹的伤痛,才可以在伤痛过程中慢慢放手。只是此情此景,却真的让每个人都感到茫然。

# 离 婚 家 庭 的 孩 子

离婚有时是无可避免的一回事,中国的离婚率已接近百分之四十。即是说,每十对夫妻,就有四对会分手。

很多人都以为,离婚是新时代的产品,离婚法律也愈来愈简化,其实这并不完全正确。在封建时代,离婚比现时简单得多,一纸休书,就可以宣布婚姻无效。当然,以前的婚姻,都是以家族或政治体制为本。两情相许的结合,只是近代婚姻的理想。

正因如此,当爱情消逝,婚姻就往往没有继续存在的理由。

问题是,孩子的最大愿望,就是把父母的手拴在一起。而孩子的最大噩梦,就是看到父母分手。解得开夫妻的缘分,却不一定解得开孩子的心结。

为了准备一个离婚家庭孩子的讲座,我整理了一些临床资料。发觉每个离婚家庭都不一样,但是却必须要有一段适应和过渡时期,那是绝对避免不了的。

第一个案例,是一个十五岁的少女,说是患了精神分裂,情绪喜怒无常,成为医院常客。母亲到医院去探病,女儿却说:"你想我复原,就得把我爸爸找回来。"

原来女儿的爸爸已经别有所恋,夫妇二人早就分居,复合的可能性不高。奇怪的是,谁都不愿提出离婚。

　　妻子说,她仍等着丈夫表态,丈夫却不想回答。曾经有位有心人,认为这样拖下去对谁都没有好处,迫着丈夫要作个决定。结果愈帮愈忙,让本来已经闹僵的关系,更是雪上加霜。

　　我初时也不明白,人都分居多时了,情况已是十分明显,还需要怎样表态?见了这一家三口才明白,关键全在女儿。谁敢提出分手,就会成为女儿眼中的罪人。女儿已经闹到这一地步,父母都不敢去惹她生气。如此一来,女儿的病,紧紧地系住了两个已经分离的父母。只是他们的逃避,同时也维持了女儿的精神病。

　　第二个案例,也是一对分离中的夫妇,他们明显地做了很多准备,知道无论如何,都要以最低的伤害去处理离婚问题。

　　夫妇二人先作交谈,以理智的态度商讨各项安排。问题是,无论彼此怎样表现得冷静,面对婚姻破裂时那种内心的冲击,又怎能轻易掩盖得住?

　　虽说目的是商量处理孩子的情绪,但是妻子仍然苦苦追查丈夫的移情。男子倒是毫不含糊,对她说:"那全是我自己的问题,你也不要继续寻根究底,那只会更加伤害你自己。"

　　不肯表态,固然会让情况暧昧。但是如此斩钉截铁,是否就真的让事情变得明朗?

　　只见妻子连苟延残喘的机会都没有,面对婚姻的死亡,想哼一声都不可能。她脸上那副失落的神情,让人心酸。当他们最后把女儿叫进来时,虽然夫妻两人都装得很轻松,跟定书本上的指引,对女儿说,爸爸妈妈因为大人自己的问题,不能再生活在一起,但是那不是你的错,我们仍然很爱你……

话说得漂亮，但是那小女孩脸上的失望，与母亲表情无异。此时没有任何话可以为她解忧。她其实并不想听下去，只说："我可以出去玩了吗？"

面对婚姻的终结，与生命的死亡一样，必须容许一阵混乱、惶恐、哀痛、愤怒，与不知所措。在这时候，任何人都不必表现得大体优雅。任何让人不忍目睹的面貌，都是正常的。因为这是一段过渡时期。在这时候，我们唯一可做的就是尊重伤痛者的空间，给予适当的支持。最糟的就是诸多意见，乘机向人灌输家庭教育。

也许经过这种伤痛，才有死而后生的机会，不做夫妻，仍须做父母，由于有共同的子女，离婚后的家庭仍是家庭。

问题是，很多时候人是分开了，但是离婚所带来的恨，却历久不衰。而恨，有时比爱更能把人捆缚在一起。

我有一个离婚后的案例，分手六年后，仍然恨意绵绵。母亲见到女儿，就想起婚姻的不幸，母女纠缠不清，爱恨难分。女儿总是觉得支离破碎，身体没有一处妥当，老在心肝脾胃找问题，向一家又一家医院问津。如果有医院不认为她有问题，她就找另一家去；母亲却认为女儿一切行为都是针对她而发。母亲的猜测是对的，女儿的确冲着她而来。问题是，母女二人相对，话题总是与前夫有关，那可恨的男人总是赶不走，老跟着她们。

母亲说："他带给我太大的伤害，离婚时，我决定一定要比他活得好，活得精彩。"

我问："六年了，你成功吗？"

她答："六年了，我不知道他活得好不好，我只知道自己活得很差！"

好在并非所有离婚的例子都是如此惨淡。我见过一个三兄弟的家庭，孩子分别是七岁、九岁及十一岁。父母分居了，三个孩子闹得一团糟，别说忧郁的母亲束手无策，专家也完全无法管得住他们。

大儿子尤其无法接受父母离异，我们好不容易让他坐下来与母亲好好谈话，谁知道他说的全部是要母亲好好打扮、要理好头发、不要"穿绿色袜子配球鞋"等等肺腑之言。原来他认为是母亲的装扮把父亲吓走了。

因为这对父母完全不肯合作商讨孩子问题，三个孩子变成母亲的侦探，无论父亲躲到哪里，都有办法把他找出来。

我们应孩子的要求，安排了一次他们与父亲的会面。三兄弟见到父亲，完全失控，大叫大跳，争着去拉父亲的手，吱吱喳喳说个不停口。

我起初也被他们弄得头痛不已，只好坐后一点，由得他们去闹。这才发觉，那是父子间一种久别重逢的兴奋。一个小时的相聚，争着向父亲说近况，同时向父亲炫耀，他们是怎样一次又一次在父亲更改电话后，仍找到他的电话号码。孩子的要求原来是那么少，这才让人心碎。

我就是这样跟进了这个家庭一阵子。

过了好几年，母亲要求见我。三个孩子已经成为青年，母亲也摇身由当时的消沉变成生气勃勃，还拍了婚纱照给我看。他们找我，就是让我看看他们活得多好。

我问大儿子："当年你是那么不肯接受父母亲分手，现在还有这种想法吗？"

他郑重地说："想是还会想，但是知道他们不可能再走在一起，他们实在没有缘分。我爸爸是看相的，他说我们没有父子缘，所以更加珍惜！"

母亲插话说:"他爸爸老是请他们吃好东西!"

大儿子答:"吃了很多鲍参翅肚,还是不如妈妈煮的菜好吃。"

儿子挽着母亲的手,让母亲笑得甜入心扉。

可见,无论多恶劣的情况,都不是没有生机的。

这些例子的教训是:该痛时就得让它痛,痛完了就得让它完结。而父母的伤痕痊愈得越好,孩子的心结也越容易放得下。

# 但 愿 人 长 久

半年前来北京就见过这个家庭，一家三口，一个二十五岁的大学生和她的父母。当时少女被诊断为狂躁症，在精神病院过的时间比在学校多。

虽说是一家三口，但是我第一次只见到少女与她的父亲。父亲对女儿，明显地是万千宠爱集一身；女儿对父亲，却是万般不满，不停责骂。

父亲的眼睛，一直没有离开过女儿；女儿却完全不看父亲，只是她不必看他，也对他的一举一动了如指掌。

父女这种微妙的互动反应，显然是多年生活培养出来的一种形式。

父亲爱女儿，本来是天经地义，很多父亲都承认，抱着小女儿那种满足心态、那股甜蜜，恨不得把女儿吞下肚子去！但是当女儿慢慢长大，成为少女，父亲就要学着保持一定的距离，只能远远地欣赏，否则孩子在心理上就不能脱离父亲那迫切的盼望；父亲的爱，就会成为女儿的枷锁。

最近在上海也见到这么一个父亲，眼睛像苍蝇看到蜜糖一般，盯着女儿不放。那成年的女儿也像这个少女一样，对父亲产生很大的情绪反应，无法自我控制，她也是精神病院的常客。父母亲的眼神，对孩子实在具有千军万马的威力。

怎样才可以逃离父亲那深情的凝视？实在并不容易，双方都必须努力。

这次见面，女儿说她已经成功地作了很大的调整。第一，是尽量不让自己对父亲的行为作出反应；第二，是把自己的眼睛投向外面的世界。其实这两者是相通的，因为女儿的专注如果集中在父亲身上，就不能放眼青年人的世界。

少女说，她已经成功地重返校园，而且快要完成学业，还在大学毕业前就被一家公司提前聘用。在外面世界的成功，真的是让她自己的生活有了新的话题。

但是父亲的改变却并不显著，他的眼睛依然沉醉在女儿身上。好在女儿真的不再作出激烈的反应，可以较为理智地继续谈话。

她说："你知道吗？我们家的铁三角，理论上应该是成正比的；爸妈各自占据在下端的两角，我在上面的顶尖。但是实际上却是一个倒三角形，爸妈在上端，我在下尖！"

我问："你可以解释清楚吗？"

她答："你不觉得吗？我的位置就是支撑着整个家庭，如果我一移位，他们就维持不了。"

我们一直集中在父女之间的紧密瓜葛，只看到女儿对父亲的强烈反应。现在她的情绪平定下来，原来让她最担心的，仍然是父母亲之间的疏离。

这次母亲也来了。只是她老是坐在一角，表情冷漠，好像对眼前的一切完全无动于衷。

女儿形容她的母亲是一座佛！一家三口，只见到父女在不停地抬杠，母亲好像不存在。

原来这一家人本来生活在内蒙古的一个城市,因为女儿考上了北京的大学,父亲也就随着搬来北京,照顾女儿。结果就造成一个父女难分难解的局面。直到女儿发病,母亲才从内蒙古搬来一起居住。

因为母亲完全不显眼,我们很容易也就不把她包括在言谈中。经女儿提起,才知道她是工程师出身,而女儿现在念的也是工程方面的专业。

治疗师常犯的问题之一,就是忽略了家中那无声的成员。因此,我这次就特别把重点放在母亲身上。

我问她说:"你认为丈夫需要如此关注女儿吗?"

她说:"不需要!"

女儿也说:"我相信妈妈是有一点妒忌爸爸对我的亲密。他老是把我当成小孩似的要抱我、亲我,谁也受不了!"

我说:"那么,你为什么不能像个成年人,好好地要求他说:'爸爸,请你把眼睛望向自己的妻子!'"

女儿真的请父亲把面孔转向母亲。但是男人如在云雾中,他答:"我望着你,是因为你在说话!"

我们不约而同地对母亲说:"那么你也赶快说话吧!"

母亲第一次向着丈夫说:"我说话你会听吗?"

父亲整个身体都向着女儿,根本没有留意到妻子在向他说话。

女儿立刻又生气起来,责怪他说:"她刚刚就在跟你说话,你怎么没有听到?"

我们鼓励母亲不要就此放弃,她要提出抗议!

母亲幽幽地说:"说话是要有人听的,都没有人听,我就不说了。"

女儿赶忙对父亲说:"你听,你听,你听到了吗?"

我们就是这样反反复复地逼着父亲不得不改变位置。女儿像个舞台导演似的，把父亲连同椅子一起移向母亲。最后，还成功地让他拉着妻子的手，一同计划女儿离家后，夫妻怎样可以在"空巢"活得精彩。

我原本以为父亲长年不习惯接近妻子，一定会对女儿的引导作出很大反抗，而妻子既然已经被丈夫的忽略训练成佛，又怎能一时间重食人间烟火？没想到我们只要不放弃，不怕碰一鼻子灰，他们终于有能力面对彼此。

只见在丈夫的关注下，妻子那没有表情的面孔开始发出活力，由本来"无所谓"的一种冷漠变得羞人答答。原来所有妻子，都希望获得丈夫的重视。而丈夫，也许他开始发现，自己深情款款的眼光放在妻子身上，就很受用，放在女儿身上，就备受指责，结果还把女儿看出一身毛病来。他开始明白，无论你有多少爱，必须选对对象，否则只会阴差阳错。女儿经过一番努力，看到父母能够找回对方，终于松了一口气，真的开怀了！

有同学事后对我说，她在单面镜后观察着这个家庭的演变，忍不住流下泪来。不知道她为何有感而发。

我却在想，家庭是个必须随着孩子成长而不断演变的体制，要孩子活得好，夫妻就要活得好！只爱孩子，不爱孩子的爹或娘，是很难奏效的，除非是单亲家庭。

因为孩子的最大心愿，就是看到父母手牵着手一同偕老，他们才能安心地走上自己的路。

为了下一代，但愿人长久，让天下眷属都是有情人！

# "请勿打扰"

那青年人的母亲交给我一份儿子在博客(blog)上的日志：

我想，没有人比我更明白孤单的滋味。

活了将近二十年的人生，才知道家是最应该毫无隐瞒，毫不保留地表达自己的地方。

而我，却一直把家当作一所挡风避雨的旅馆。

这里只有厨师。

这二十年来，就这样运作着：吃饭、睡觉。

直至一天，从来只会做饭的厨师，哭了，说话了，我才醒觉，这厨师，叫作父母。

父母，哭完了，说话完了，又变回厨师。

我终于取消了订餐，关上房门。厨师与住客，再没有任何关系。

孤单到某一个地步，使我追求被爱的感觉。

孤单到某一个地步，使我追求孤立的感觉。

挂上"请勿打扰"的一刻，我知道我将被孤立，眼睛流下泪，嘴唇却笑起来。

我害怕孤单，更害怕脱离孤单。

孤单，成了阴影，成了习惯。我想：没有人比我更明白孤单的
滋味。


那天我约见这家庭时，青年人没有来。我想：这日志就是他那"请勿
打扰"的讯息。在此之前，我已经见过这个家庭两次，那青年是这一家五
口三个男孩中最小的一个。我以为他是家中最能置身事外，不受家人情
绪纠缠的一员。没想到这世上其实没有真的可以置身家庭事外的成员。
在那挂上"请勿打扰"的房间内，原来有人正在哭泣。

第三次会谈，三兄弟都没有出现。父亲十分不耐烦地说："他们不会
来的，怎么叫也没有用的！"

只是，当我要求他读出小儿子的日志时，他一面读，一面眼中淌泪。

他也拿出一份自己准备好的文字，上面写着：


错孩子！我悲愤难平的故事，我要发言。

他们说：生错你……选错你……嫁错你……你赚不到钱！你不
合群！你是罪人、全身罪！！！


然后他用英文写道：


Child，you're WRONG.

Brother，you're WRONG.

Student，you're WRONG.

Colleague，you're WRONG.

Church leader：you're WRONG.

Judge on Earth：you're WRONG.

Spouse：you're Mr. WRONG

No! No! No! I'm absolutely RIGHT!!!


父子二人的文字，是那样地大不相同，一个是无可奈何，一个是悲愤填胸。

母亲也有她的博客，表达的却是一个生活充实、母慈子孝、积极乐观的女性。

一家五口，各人有各人的境界。但是家庭不是一个人的世界，那是一组人的配合、互动，以及组织。不管你愿不愿意，你的脚步都会有意无意地受到别人牵动。

而最最牵动我们的，却偏偏是家庭内的爱与关怀。没有爱，就没有牵挂；没有关怀，就不会有所需求；没有需求；就不会寂寞，也无需气愤。

青年人说：没有人比我更明白孤单的滋味。也许他没有说对，还有一个比他更孤单的人，那就是他的父亲。

父亲来见我，主要是基于与上一代的矛盾。一说起他自己的父母，他就按不住愤怒。第一次见面时，我一点也搞不清他究竟想说些什么。他是那样地激动，说个不停，却很难让别人插嘴。

他反复地嚷着，要与自己的上一代划清界线，要脱离关系。我忍不住问他说，那就脱离关系吧！什么事让你这样困扰？

我无法听懂他的解释，不单是我，他的家人也不能理解他的推理。

他说他知道上一代的问题，会一代代地传下去，但是那究竟是什么问题？我们听了半天还是摸不着头脑。

不过我倒察觉，他的焦虑和执著，可真的被大儿子吸收了。看上去大儿子好像老是跟父亲作对，其实他是最不能与父亲分割的孩子。父亲的一举一动，都可以引起他的情绪波动。

原来父子两人都有强迫症的行为。母亲说："丈夫有收集废物的习惯，屋子里堆满用不着的东西。"强迫症（Obsessive Compulsive Disorder, OCD）是一种不合逻辑而又不断重复的行为或思维，从心理分析的角度看，那是当人在经历极度的不安全或失控的心态下，一种没有控制中的自我控制。

有趣的是那坚决要与上一代划清界线的男人，却无论说什么，都把自己的父母亲挂上口，嘴上说要脱离，实际上却无法把他们放下。

他的每一句话，都是充满着前因后果，让人只听到无尽的苦涩。在旁的妻子与儿子也完全无法可施。我也不由自主地被这一家人的复杂情绪感染。多么让人羡慕的一个大好家庭，却又多么让人无奈。父亲究竟在哪里受伤了？怎么总是发出悲愤莫名的怒吼？如果是上一代伤害了他，怎么他不明白自己也会莫名其妙地把身上的伤痕传到下一代去？

第二次会谈，也是像第一次一样扑朔迷离，只是当男人又提到上一代的恩怨时，他终于举出一个实例。原来他拒接母亲电话，但是电话却响个不停，妻子就接听了。他愈说愈愤恨，一番挣扎后，终于提出："你接电话，就是在他们面前证实我是错的，那是对我的一种侮辱！"

他这一番话说得十分困难，几乎用尽气力，还用手大力击掌，好像要借力逼出心中的话，力竭声嘶。由于过度激烈，人人都吓得不敢作声，只是我发觉，这是第一次他成功地把话说得明白。

但是妻子并不同意，她觉得丈夫与自己母亲不和，不等于她也不能与她交往，说到气处，她也毫不让步，回骂他说："如果你要这样，我就真的要侮辱你了。"

妻子当然可以有自己不同的立场,只是这立场,正好就成为夫妻关系的心结。对于一个严重受伤的男人,为他疗伤应该是第一个考虑。最后大家都不再争辩,妻子和儿子上前把他紧紧抱着,让他平伏下来。

只是,男人身体绷紧,把头从妻儿拥抱的空隙中腾出来,仍然不停口地诉说他的不满,直到妻子用手把他的嘴巴堵住。

这次孩子没有来,夫妻乘机冷静地调整一下多年来的婚姻状态。其实,无论上一代为我们带来多少不幸,如果这一代活得心安理得,也足够抵销过往的阴影。最不幸的人,就是不知不觉地让过去的苦涩继续成为这一代及下一代的苦涩。

我对父亲说:"你喜欢收集多少废物都没有大碍,却千万别把过去的创伤和愤怒当作宝贝收藏,让所有爱你的人都走不近你。"

我提议他借用小儿子的"请勿打扰",拒绝过去伤痛的滋扰,亲手把不幸之门关上。

## 吴 敏 伦 的 情 书

那天我们几个同事正在一家斋店共庆新春,吴敏伦向我们宣布,他将会出版他的情书集了,那是他累积四十年来对妻子的情意!

情书,是个让人陶醉的名词,千言万语都凝结在一纸之中,盛载着古今中外多少男女的思念! 情书,在高科技的现代社会,也是一个过气的名词,除了初入情场的黄毛小子,谁有闲情去为一个人下笔千言?

认识吴教授的人都知道他对妻子梅是情有独钟,但是我还是忍不住扫他的兴!

我说:"别人出书都要费尽心思,你倒好,把旧情书拿出来就草草了事!"

他当然不服气,抢着说:"才不是这样,我分享的是一辈子的爱情生活!"

原来吴敏伦与他的梅,是从笔友开始。他说:"当时还是医学院的学生,觉得是时候找女朋友了,一时心血来潮,便在一份杂志上征友。结果在一大堆来邮中,千选万选,也没法找到一个合心意的人来!"

他解释说:"也许我对'港女'实在没有兴趣,回信中大部分都是文字不通,兴趣不合,因此整件事就此作罢。"

港女，指的是香港女性中的那种傲气凌人，有被称为"公主病"的一类女人。

当日聚餐，大部分都是"港女"，但是吴敏伦并没有理会我们的抗议，只说："见过我老婆的人都说，完全同意我的选择！"

但是，他是一年后才收到梅的回信！因为梅生长在越南，刊登他征友启事的杂志在一年后才到达当时战火连天的彼岸。那天梅正在姐姐家中帮忙收拾，突然一阵风吹过，正好就吹开了吴敏伦征友的那一页。

这个故事的教训在哪里？

吴敏伦得意洋洋地说："爱情，毕竟是需要靠一点运气的！"

他继续解释："除了那一阵清风，还有很多天时地利与人的因素。当时梅正在跟随一个老师学画，那老师见到她便紧紧追求，四处带她出门写生。后来她父亲知悉这男人有妻有子，当然十分紧张，立即把女儿召回家中。梅返家后无所事事，正在十分无聊之际，恰巧就在清风过后那一刻，机缘巧合地看到我的征友广告！"

他又说："其实她的回信抵达时，我已经搬了家，经过很多转折，才收到手。当时我是完全出乎意料，但是一看来信，就知道这是我梦寐以求的理想情人！"

单单是回味他们那曲折离奇的巧遇，就让他兴奋莫名！对他来说，四十年前的旧事，每一宗都是点滴不忘！

与吴教授在港大家庭研究院共事八年，我最喜欢与他唱反调。我们合作过一些讲座及工作坊，都是彼此抬杠、引经据典去证明对方是错的。我们策划了一门通识课程，名为"食色性也"，他负责谈性，我负责谈食。他认为性比食更重要，因为没有性，人类就要灭种；我却觉得食更重要，不食就会饿死，比不育死得更快！

无可争辩的是，人的生理结构实在不是为一夫一妻的制度而设计的，怎样让这不听话的身体去配合只容得下一个人的专一爱情？我认识的性学家，大都抛妻弃子，娶了年轻的女助手或弟子为妻，吴敏伦是绝少见到的专一例子。最难得的是谈起他的爱情生活，他整个人便容光焕发，毫无保留！

工作中遇到的多是痴男怨女，无法在对方身上找到双栖双宿的满足感觉，同床异梦，生活在一起，却是绝对的孤单。看到吴敏伦如此四十年来仍然觉得一天比一天情浓，真想把他那谈起老婆就眉飞色舞的样子剪下来，让那些冤家路窄的怨偶随身携带着，时时刻刻提醒他们，在觉得相形见绌之余，也放下刀枪，勾起一丝对爱情的遐想和向往。

吴敏伦突然问我说："不如你为我的书写序吧！"

嚇？我吓了一跳，十分为他担忧，因为我是个喜欢在蒙娜丽莎脸上画猫胡子的捣蛋鬼，他怎敢让我在他那完美的杰作上涂鸦？

但是他说："我自己就是一个怪诞大师，你再古怪，也不及我怪！"

接着就收到他电邮传来的自序及书中目录，还附有一封情书样本。

说实话，别人的情书真的没有什么好看头，千丝万缕的情意，又不是写给你的。可恨的是作者还在自序中叫你不许忌妒，先要想想自己有无"别人老婆一半的好"，是否值得让人如此牵肠挂肚？让我本来想找几封情书佳作让老公仿效的念头，都要打消，实在扫兴！

但是昨夜见到一对夫妻，却让我不由自主地想起吴敏伦的情书。

那丈夫诉说自己被原生家庭、工作单位，还有自己的妻子废掉武功，他将会拿写上"被废人"的纸牌，站立在街角抗议。

我却说："你们其实都是废人武功的能手，互相把对方都废掉了！"

妻子问："我知道自己怎样把他废掉，但是他废了我什么？"

我答："他废掉了你对二人世界的梦想、对爱情生活的执著,夫妻缠绵的乐趣!"

那丈夫其实很爱妻子,对她万千忍让,为她百般张罗,但是却绝对拒绝做个妻子理想中的好情人! 他也认为妻子是"港女"。

港女真的这般让人敬而远之吗? 是我们自掘坟墓,还是实在曲高和寡?

为什么我们都祈求成为历久不变的有情人,有些却专把对方当箭靶?

吴敏伦说:"没有'无条件的爱'!"那么爱的代价是什么?

谁不想有刻骨铭心的爱情,但是千里姻缘总得靠一线牵——还要一阵及时的清风! 牵到了,又怎样经营四十年,才继续爱得精彩? 除了要在越南长大,会画画、善解人意,究竟女人要做什么才能引起男士历久倾慕之情?

读吴敏伦的情书,意不在书,反而是看一个中国男人怎样痛快地对一个女人表达他的深厚情怀,要笑就笑,要哭就哭! 历久犹新,那才是让天下那些腼腼腆腆口齿不灵的男人(或女人),最最妒忌和需要学习的地方。

也许多一些这样的"港男",就会少一些所谓的"港女"!

## 婚 礼

寒流袭港最冷的几天,我的研究助理小颖告诉我,她要到北海道去拍婚纱照。

我说:"你疯了吗?冰天雪地里拍婚纱照?"

她答:"就是要取景那一片冰雪!才够浪漫!"

小颖口中的浪漫雪国风情,在我听来却是个噩梦。想想看,劳师动众的,要把一件件庞大的结婚礼服装箱,迢迢千里地飞到那零下不知多少度的大冰箱,然后大事张罗,换上一件又一件的华服,任凭摄影师去摆布。

我无法想象一个人穿着袒胸露背的轻纱,如何可以在雪堆中摆出"pose"。我只看到一张咬紧牙根、冷得发紫的面孔,在寒风中颤栗。白色的婚纱配上茫茫的白雪,还要实地实景,拍这种婚纱照,连想起来也觉得是一种自我虐待。

但是小颖却是无限兴奋,精力十足,她为这个春天的婚礼已经准备上一年。由礼堂的花朵,以至宴会上的菜式,没有一宗不是十全十美。婚礼将在阳光灿烂的浅水湾露天举行,这次日本之行,不过是一个前奏。

原来这种远地外景拍摄婚纱照之旅,是近代婚礼企业的一个卖点。

准新娘与准新郎可以选择自己喜爱的国度,作为婚纱照的背景,由摄影师与化妆师等一行人陪同,像拍外景似的为一对新人制作他们的童话故事。

这个年轻人的玩意,让我从英国来访的家庭治疗大师 Eia Asen 也感到无限惊讶。

Eia 是生活在伦敦的前卫人士,琴棋书画、吃喝玩乐无一不精,但是小颖这种香港新一代的婚礼安排,他还是第一次听到。

小颖把她拍好的婚照向我们展示,真的是一对神仙眷侣,在晶莹剔透的冰雪中以各种姿态遨翔,一张张都是艺术作品,不食人间烟火,完全不是我想象中的那种狼狈。

只是这么一场婚礼,不知要有多大花费。

Eia 告诉我,最近他参加了我们一个英国朋友为女儿举行的婚礼,在乡村举行。主人家在后花园搭上白色的帐棚,四周缀满了橙花和白玫瑰,空气中充满着花香,两个新人与亲友一起在草地上跳舞。Eia 说:"那算是十分隆重的婚礼,有四十多人参加!"

他又说:"你知那女儿是领养的,她在结婚前终于找到自己的原生父母。原来她是一夜情的结晶,父亲根本不知道自己有这么一个女儿,因此相认后十分高兴,还特别前来参加婚礼,被安排在主宾席上。她的生母则在几年前病逝了!"

婚礼其实是为家庭而设的一个体制,尤其是中国家庭。如果只有新娘与新郎,就不如私奔来得省事!

Eia 自己的婚礼在三十年前举行,他说只请了十多个近亲与好友,一个简单而亲切的场面。他还记得当时他的妻子穿着一件红色的长袍,那一点红,三十年来都没有在他记忆中褪色。

他问我说："你呢？你的婚礼来了多少人？"

我笑说："我也不太清楚来了多少人或什么人。那时我们正在多伦多亲自着手装修一间百年老屋，婚礼是在后园举行的，来的人都是口头邀请，反正熟的不熟的塞满了一房子。行礼那天我仍得为没有完工的洗手间装瓷砖，双手扶着新上砖还没有干透的墙壁，不能放手，牧师在下面等得不耐烦了，几个好友才不顾一切地把我从洗手间里捉了出来行礼。"

一个十分胡闹的婚礼，完全打破常规，却不是故意的，只是我们当时实在不懂得婚礼的规矩，糊里糊涂就结起婚来。我的礼服其实是一件意大利的手制睡袍，选它是因为叠起来薄薄的不占空间，而且婚后还可以当睡袍穿！

照片吗？当时记得是拍了很多，但是大都忘了拿去冲晒。那是一个重视生活多于记录生活的年代！

也许，这就是我始终不明白为什么小颖会为了一组结婚照片而如此劳民伤财。

Eia、小颖、我，三个代表两个时代、两种民族的人，一个偶然的机缘，让我们坐在一起，分享三种不同的婚礼心态。

不过如果说是分享，不如说我们在给小颖找麻烦。她是兴致勃勃，我们却是不停泼冷水。Eia无法了解小颖为什么要穿那么多不同礼服去拍照。小颖表示，到真正举行婚礼时，她还会换三次衣服，让我们的英国访客听得目瞪口呆，也许他正在替新郎担心，三十年后他怎能记得那么多不同衣服的颜色。

小颖却说："我的表姐结婚时，一口气就换了六套礼服！"

我听了也不得不惊叫起来："哇！那她岂不是大半时间都花费在更衣室里？"

结婚既然是人生大日子，怎么这些年轻人都是把自己忙得死去活来，而不是好好地享受这特别的时刻？

小颖说："你们不知道，这就是我们的享受，没有这些衬托，就不成婚礼！"

怪不得结婚照片如此重要。新娘子（及新郎倌）最美好的一面，完全都被收入影像中，让他们一辈子回味，因为他们在婚礼时，大都忙得头昏脑涨，记不得当日发生了什么！

Eia 还是放不下这个话题，他说："在我的朋友中，那些愈是夸张，向全世界宣布他们有多相爱的，就愈快离婚！到我女儿结婚时，还是低调一点为妙！"

我突然想起，外国人嫁女时，大都由女家负责出钱，怪不得 Eia 听到如此豪华的婚礼，就会谈虎色变。

最近看了一部关于居里夫人的黑白片。当中有一段描写她与丈夫结婚的场面：在法国南部一个充满鸟语花香的家园，小夫妻在父母亲友的祝福下，行完婚礼就各自骑着脚踏车一起度蜜月去了，简单快捷，又亲切感人！

只是我一直在怀疑，居里夫妇把衣物放在哪里？他们在蜜月途中东西怎够应用？

也许所有婚礼，都是一种制造梦想的幻觉。明知道跟着而来的是数不尽的繁文缛节、家族磨合，及其他让你烦不胜烦的琐事，那么，让一对新人尽可能去满足他们的欲望，做一天的王子和公主，又有何不可！

## 难 分 难 舍 的 关 爱

这个青年人很可爱,一个腼腆的大孩子,第一次见他只有十五岁,现在已经是十七岁了。

那时他被诊断为过度活跃症,他的主诊医生要求我们为这病人做一次家庭评估,以便了解这个青年人的家庭背景。

没想到与家庭会面时,母亲对父亲的愤恨是那么深远,不停地奚落着对方。丈夫对妻子的怨怼,却是完全没有招架之力。青年人面对父母的不和,一动也不动,只有焦急地流泪。

如果说这青年人是夹着在父母的矛盾中,那可是过于简单。因为一个孩子与父母亲关系的微妙,都是多层次的。

起初我们以为青年人是替父亲抱不平,父亲无法表达之处,他都一一代为表达。例如,当母亲不断数落父亲时,他会提醒她要让父亲有机会回应;又当母亲批评父亲煮的饭菜不合口味时,他会劝阻母亲不要过于尖酸。父亲每每要在儿子的支持下,才敢发言。

但是当我们以为父子联盟应付母亲时,却发现另一层次:原来母亲才是儿子不离不弃的对象。

他说,每天下课回家,发觉母亲一个人孤零零地坐在电视机旁,完全没有倾诉的对象,他很自然地就会为母亲做伴。

这是一个有趣的现象,试想想,有多少老夫老妻是终日相依相伴、形影不离？为何这个十五岁的青年人如此关注父母关系的质量？

我们都知道,当父母婚姻出现危机时,孩子会有强烈反应。很多人不知道,很多孩子同时会不知不觉地投入父母那平淡的婚姻中,成为他们生活的火花,维持父母关系的平衡而成为他们日常生活的一部分。

原来这个所谓过度活跃的孩子,他的关注都放在父母身上,任何一方感到落寞,他都耿耿于怀。

有趣的是他的父母来自不同背景。丈夫虽然是长子,但是少时目睹父亲虐待母亲,让他总是带着弟妹躲在背后,长大了也是十分害怕与人冲突。妻子的父亲是海员,终年不在家,母亲事无大小,都让女儿出头。长大后一个是有理不饶人,一个是哑子吃黄连,怪不得夫妻之间总是冤家路窄。

当父母明白儿子对他们的投入和关注时,开始处理一些彼此的分歧。父亲逼着自己面对妻子的问责,咿咿呀呀地表达自己一些意见。虽然往往会挨骂,也赔上笑脸不去计较。妻子对着这个赖皮丈夫,怎样也打发他不走,夫妻自然地也就在吵吵闹闹中发展起他们特有的二人世界。

你会以为儿子一定感到安慰,不用再担心父母了。

但是,儿子多年来已经习惯了周旋在父母的矛盾中,即使父母的关系改善了,他也无法放弃。

他说:"每次母亲对父亲不满意,就会找我投诉。我自然会找父亲去理论,明明是一万个不乐意去干涉,但总是克制不了。"

他十分不解,说:"我以前不知道自己是这样的,还以为这是孝道。

现在知道不可以这样下去，却明知故犯，只要他们中间有一点动静，我就会扑上去抢救，好像那里有金子在等着我去拾似的！"

这小男人十分苦恼，他郑重地思考这个问题，却完全得不到要领。由于无法不去注意父母的举动，他必须要到外面去温习功课。

他说："要应付功课还可以不用依靠精神药物，但是要应付母亲就不成，非得靠镇定剂不可。"

如此说来，这青年人只是对父母过度活跃。他自己一个人就没有问题。可是他一吃药就吃了五年。如此长期服用精神药物，对任何人都不是一件好事。

本来转介这个病人的儿科医生已经转了工作，我问青年人谁是他的跟进医生，青年人茫然地望着我摇头，他说："不知道！"

我笑问："那么你怎样去找他，跑到医院里大叫吗？"

他说："只知道他姓黄。"

我又问："你服的是什么药？"

他又答："不知道！"

问："什么时候复诊？"

他毫无头绪地望着母亲。

母亲说："你把复诊的通知单放在哪里？"

这才发觉，青年人说起父母的问题头头是道，甚至成为父母的专家。但是对他自己的事，却是完全陌生。别说对将来毫无打算，对目前也是一片空白。

母亲说，他们这次就为了要来见我而吵了一场大架。因为母亲先要上班，临出门时吩咐丈夫叫儿子起床，结果丈夫没有叫得及时，让一家人迟到了半个小时。

妻子怪丈夫没有用,儿子怪母亲对丈夫专横,丈夫唯有装聋扮哑! 这是一个典型的铁三角,一个人的事,变成所有人的事,一环扣一环。要打开这个僵局真不容易! 最要命的是连母亲也承认,她十分享受儿子的参与!

我只有向儿子入手,问他说:"你既然如此不愿意看到他们争吵,为什么又要为他们制造争吵的机会?"

他十分不解地瞪大眼睛等我解释。

我说:"不是吗? 你十七岁了,干吗不能自己起床? 明知道他们一定会因为叫你起床而争吵,是否你也很享受这种冲击?"

也许你现在明白为什么我说这大孩子很可爱,他是那般纯情地沉醉在父母的情怀中,不是怕母亲寂寞,就是怕父亲无助,父母的事变成他的事,反而忘了自己青年人的本分。有时非得向他挑战,才能让他找回自己要做的分内事。

好在他这次真的为自己紧张起来,立刻拿出纸张记下给自己的提示。他认真地写了几行字,提醒自己要与父母保持适当的距离,要做自己分内事。

父亲说:"你要把这挂在床头,天天提醒自己!"

母亲也说:"想不到儿子对自己是如此痴缠!"

我却把我们团队的医师找来,与青年人单独商议他的用药情况。又在他的"分内事项"中,加上几项提要:找出主诊医生的全名与联络方法;找出正在服用的药名;找出下次复诊日期,然后与医生讨论如何减药。

家庭是协助青年人成长的温室,也是个让他们走不出去的牢笼。有趣的是,家庭出现问题时,往往不是缺乏关爱,而是关爱得难分难舍,结果谁也动弹不得。

## 还 父 母 的 债

我两年前就在台北见过这家庭,一个年近四十岁的女儿,与她那年迈的父母。几乎每次来台湾都见她与家人一次,每次都有一个新危机,把这女儿的努力打沉。每次都让我走入儿女还父母债的一个新层次。

女儿是精神病院的长期病人,不停闹情绪、忧郁、割手,及企图自杀,被诊断为精神分裂。

初时是因为失恋了,才导致情绪失控。但是那是六七年前发生的事故,经过长时期的药物治疗和心理辅导,病状仍然没有显著的改善。

当时是她的医院社工安排我们见面的。我记得很清楚,那女儿一坐下就不停向我投诉她的父母。问起她的个人历史,她从几岁大开始,回忆中全是父母之间的矛盾,连父母都记不起的争吵,她都详详细细、丝毫不差、栩栩如生地,把她父母关系的点点滴滴,一幕幕地陈述出来。

这是一个有趣的现象,我见过很多精神病患者,都有这种趋向,心中塞满了父母亲的故事,却完全没有自己的故事。

怪不得从事精神科起家的家庭治疗理论大师 Murray Bowen 认为,人的所有问题,都是基于不能与家庭分体,卡在父母中间形成一种三角关系,不能自拔。

Bowen 这个说法,让他备受非议。父母子女的密切联系,是家庭之本,谁敢质疑？Bowen 在去世前最后一次接受访问时,仍然要为这理论辩护。

他说:"这道理并非我自己凭空瞎扯,而是我机缘巧合地碰上了,自此就不能漠视。因为有了这个理论,病人就有机会理解他们的心结。"

有同学也曾经问我:"怎么我看你总是提议家人划清界线,而不是相亲相爱？"

其实,我也是无意中机缘巧合地碰上了,才发现 Bowen 这个理论有多重要。过去十多年来,回到华人地区工作,让我惊讶的是发觉大部分人的精神困扰,都是基于无法在心理上放下父母。因此让当事人明白这个道理,十分重要,因为找到病源,就可以定下治疗方向,而不是浑浑噩噩地单靠药物维持。

这个台湾家庭,就是一个很好的例子。当女儿明白到自己的问题是无法离开父母时,她的确是很努力地建立自己的生活,在社工的支持下,放下病人的身份,并且在医院当起义工来。

后来我每次再到台湾时,都有见到这个家庭,很快就察觉,父母的矛盾并非只存在女儿的记忆中,而是活生生地出现在家庭生活的每一部分。而女儿的精神状态,也随着父母的婚姻状态,同起同落、同忧同怒。

每次社工要求我见这家庭时,都告诉我说:"女儿本来进步了,开始工作了,再也不守护着父母了。但是家中最近又出了事,女儿又失控了。"

以前父母一坐下就忍不住大吵起来,你一言、我一语,吵得十分激烈。国语、台湾本土话,以及一些我分辨不出的语言,全都动用了。

我完全听不懂他们在吵什么,需要女儿来翻译。她说:"他们说的是火星人的话！"

家庭治疗宗师之一的 Ivan Boszormenyi-Nagy，有一本名为 *Invisible Loyalties* 的著作，对于这种"无形的忠心"有十分深入的讨论，他认为因为父母对子女是如此重要，因此子女必须为父母带给他们的恩情"还债"。

中国人常说"一身儿女债"，都说孩子是来向父母讨债的，他们不知道，儿女一样会来"还债"。

Nagy 说，这种"还债"方式有两种，一是作为家庭的延续，生儿育女，好好地照顾下一代，作为报答父母的方式。二是一辈子觉得亏欠父母，以病态的方式来尽忠。情绪上的不让自己长大或分离，就是病态还债的例子之一。

《二十四孝》中也有这么一个"老莱子戏彩娱亲"的故事，那年长的儿子故意扮成孩儿模样，娱乐父母。

永远做父母的小孩儿！这种心态在精神病患的例子中常常出现。Nagy 称之为"病态的方式向父母还债"，中国文化却夸之为孝道。这是一个很有趣的文化分别。

六个月前我去台湾，见到这痊愈中的女儿又再度精神失控。原来她还有一个妹妹，只是一直不肯露面，据说情绪问题比姐姐更重。那次她的父亲病危，姊妹二人把辛苦存下的积蓄送给父亲，让他一偿出国的心愿，没想到父亲听自己姐姐支配，把钱全都拿给自己的母亲，作为她养老之用。两个女儿随着母亲向父亲大兴问罪之师，让这一辈子都活在家族女性阴影下的男人，完全无地自容。

这次我到台湾，社工又说这个家庭要见我，我想，这次又怎样了？很多这种三代同堂的传统家庭，婆媳关系、妯娌关系、夫妻关系，以及子女关系,往往都是千丝万缕,怎样也剪不断,正担心女儿什么时候才能把自己分解出来,过她自己的日子?

没想这次夫妇露出笑意,表现出前所未见过的恩爱。原来两个女儿上次送钱给父亲旅游不遂后,等父亲病好了,又再送钱让他外出。这次夫妇决定到巴黎旅行,连出发的日子都订好了,两人十分兴奋。

他们明白了女儿是怎样地为他们而发病,决定再也不想让她担心。

父亲还说,上次女儿给他的钱全都给了自己母亲,结果也不得讨好。现在他母亲入了老人院,每次见到他就是破口大骂,说他不孝,连两个姐姐都叫他不要去探母亲了,以免惹她生气。

父亲是典型的孝子,多年来为了维护母亲而冷落了妻子,虽然费尽苦心,却没有一个人对他满意。现在把心一横,放下母亲,起码让妻子对他柔顺起来。

巴黎是个浪漫的城市,我问他们打算怎样去享受这个等待了多年的旅程,要上巴黎铁塔吗?去看《蒙娜丽莎的微笑》吗?会在露天茶室喝一杯咖啡吗?

我们高兴地谈着。女儿却是坐立难安。

原以为她多年来的努力经营,终于成功了,告一段落了,她应该是最开心的一个人,可以功成身退了。

只是她自小就把全部心意投在父母身上,悲他们的悲,乐他们的乐,他们的事就是她的事,现在没她的事了,再也不必为火星人当翻译了。她是一脑子的空虚,像一个被解雇的人,再也没有被需要的感觉,反而觉得被抛弃了。

我恭贺她说:"你已经大功告成,他们会去享受二人世界。你可以也找个咖啡厅,喝你的咖啡吗?"

她惘然地反问："跟谁去?"

我说："对! 跟谁去?"

她恍然大悟："这将是我的新目标吗?"

怎样由"病态还债"变成正常的孝顺父母? 耽误了多年的自我发展，这女儿将会见到海阔天空，还是像婴儿一样只是开始学走路?

我可以感觉到她的恐惧及彷徨。"债"是还了，但是人也掏空了。好在她有一个十分投入的社工，我希望下次到台湾时，听到女儿的进展，又上一层楼!

# 三 兄 弟

我已经见过这三兄弟好几次，这次是在外留学的老二回来了，他们的母亲便提出让三兄弟都来参加家庭的会谈。

母亲渴望与儿子亲近，是可以理解的。但是，这三兄弟都是成人，我想，还是先见见这几个青年人吧。

老二才二十多岁，正在英国一所顶尖学校念博士，好有见地的一个青年人，说话十分爽快。才一坐下就说："我读过你描写我家庭的文章，怎么没有提到我的一份？"

那么，他的一份是什么？

他说："我与父亲无法交谈，他总是觉得自己是对的，太过独裁主义了。"

三兄弟都说，父亲是不会改变的！

我当时没有回答，但心里却想，每个人都会改变的，如果他们认为父亲不能变，那必然是因为他们也看不到自己的改变！

但是他们一时间并不想谈及父母，话题都集中在同胞关系上。

老大是个十分敏感的青年人，他投诉这次三兄弟出门，两个弟弟到最后才告诉他要搭巴士，而他一直以为是乘地铁。弦外之音，是两个弟弟把他甩了。

老二也埋怨老大无心家务，生活乱七八糟，都是由他来收拾乱摊子。原来两兄弟住在父母拥有的另一套房子里，只有小弟继续与父母同住。

但是小弟也说与二哥比较谈得来，他也不赞同老大的生活方式，三人争论一番后，两兄弟都异口同声地说："大哥与父亲一样，没有人能改变得了他！"

三兄弟，三种不同的表达。不久就发觉，他们同时代表了家中三个不同的位置：老大总是首当其冲地与父亲碰撞，但是其实他与父亲最为接近；老二觉得自己置身事外，却是最能体谅母亲；老三认为自己站在中间，虽然成功地挂上"请勿打扰"的告示，心中却明显地护着两老。

三个青年人难得地坐在一起坦诚交谈，处处针锋相对，也处处流露兄弟之情。两个弟弟是精力充沛，不停地向老大挑战，他的生活方式、他的裹足不前、他的依赖父母，全部离不开弟弟的观察。尤其是老二，趁机一一数落着大哥。老大当然并不赞同，他虽然承认自己实在背上了些包袱，但是他觉得自己已经尽力突破，只是仍然没有搞清自己想要什么。

这是一个熟识的现象，很多家庭的长子，都会莫名其妙地承担了家中情绪的焦虑，过分地投入家庭的矛盾中，无法抽身。

老大已经患了数年的忧郁症状，现在仍然要靠精神药物维持，同胞对他的挑战本来是最好的特效药，因为他们没有把他当作病人看待，只是老二对他的咄咄逼人，让他只顾还击，根本无法接受。

我笑老二说："你老说你的父亲过分权威，怎么你没有发觉自己对老大说话的口气，全部与父亲一样？你想他怎听得入耳？"

我又说："你从英国回来，可有与兄弟分享你在外面的经历？喜欢英国的酒吧文化吗？有交女朋友吗？你过的是海阔天高的日子，回来却向你那离不了家的长兄诸多教训,我知道你是关怀他,但是你可有更有效的方法去帮他?"

我也挑战老三说:"上次我们见面,你答应过要以你的活力去拉老大一把,你做到了吗?"

我对他们说:"你们知道吗? 就是因为老大首当其冲,卡在父母的铁三角中,你们才有机会找到自己的自由,这一点,你们都是欠了他的。"

我希望他们"还债"的方式,就是成功地把老大拉回青年人的世界去。

与青年人谈话的好处,就是不用转弯抹角,好像一场球赛,有时需要冲锋陷阵,有时需要直截了当、抢着投篮,没有忌讳,大家就有机会畅所欲言。

我知道老大和老三都有自己的博客(Blog)。我看过老三的,所以问老大,能不能把他的文章传给我分享。

老三抢着回答:"他一年前就没有继续发表了。"焦急之处,可见他其实多么紧张他的兄长。

老大真的转来他的文章,与老三的文字一样,很有自己的风格,还带有一点灵气。最有趣的,是其中有好几篇都是父亲写给儿子的书信。这些书信文字简洁,充满着父亲对儿子的真诚与亲情。我不知道这真是父亲写给他的信,还是他自己的创作,为自己塑造的一个理想父亲的形象?

我见过他的父亲,一个心灵严重受伤的男人,他说话时总是流露着一辈子的伤痕,十分苦涩,这也许就是让人难以接近的地方。也是因为妻子对他的关注,才开始家庭治疗的工作。如果这些信真的出自父亲的手笔,那么我们都低估了父亲的能力。一个可以和儿子讨论卡夫卡小说的父亲,怎会让家人觉得如此难以亲近? 真是扑朔迷离。

我想，儿子收到父亲如此真挚的书信，又怎能够轻易地放下父亲？但是如果这只是儿子的创作，那么，父子的情意结将更是层次复杂，更显示父亲对他的重要。

怪不得老二与老三都说："老大最放不开父母。"也怪不得他们说："老大与父亲最最相似！"

其实，父亲对儿子们的影响，是如此微妙且深远，各自有其独特的火花。老大博客中的父亲是如此完美，老二却表明对父亲难以接纳，老三则习惯了在中间调停，太过烦恼时便躲回房中，但是并不等于他真的放弃。

他们不知道，父亲是会改变的。

像很多上一代的权威男人，父亲习惯了一家之主的训导语气，渐渐地却发觉妻儿都闻声而逃。但是明知此路不通，一时间又找不到另一个表达方式，只有一边咆哮，一边找机会接近儿女。这时候，儿女的拒绝，才是父亲的死穴。

像这父亲，当时送老二出国，回来就因为儿子的冷落而忧郁了很久，至今仍耿耿于怀。

不变的是儿子。他们从小希望获得父亲的认可，不知道自己长大了，形势已经有所转变，现在是父亲渴望孩子的接受，孩子一个好脸色，一句好话，就让父亲的心冰消瓦解。在中国家庭，儿子的话远比妻子的重要！

可惜的是，很多孩子都不知道这个道理，他们仍然怀着孩提时代的心态，完全低估了自己的能力。

偏偏是一个人要成长得畅意，对处理与上一代的千丝万缕，总得要有点成功感。安顿了父母，才可心安理得地走自己的路。

我很喜欢这三个青年人，更感谢他们容许我走入他们的空间。我也希望与他们分享一个小秘密：父母是可以改变的，当孩子知道自己长大了，就有能力改变父母，因为此时此刻，父母最需要的，是他们成人的意见。

因为，孩子，才是父母的军师。

临别，我很高兴看到三兄弟向彼此伸手。三只握在一起的手，足以改变他们的世界。

## 宅 男

宅男,指的是足不出户、拒绝与人交往的男士,日本人称之为隐蔽青年蛰居(Hikikomori)。我一直以为这指的是日本那些惧学的孩子,原来什么年纪的人都有,尤以男性为多,比女性多达二至四倍,只要连续待在家中六个月以上的隐居男子,就算是宅男!

这次来到东京开会,日本、韩国和中国台湾对这宅男现象都有详尽的专题讨论。

为什么那么多男士都把自己关在屋中与人隔绝,这是一个十分奇怪的现象,而且大部分都是青年人,在他们最年轻力壮日正方中的时段,为什么选择了与世隔离?

原因当然不止一个。各种内外因素,都会让人觉得躲在家中比面对外面的世界来得舒服。

一个男人的世界,从小开始,就充满着竞争。从幼儿园里开始,就要面对比你强大、又不友善的其他孩子,看你不合眼时一个巴掌就当头拍下。同学的接受,老师的认可,外面世界的各种要求,每一宗都是不断在考验你的韧力,哪比得上母亲怀中那安全的、无忧无虑的温馨?

你现在明白为何幼儿园门前,总有孩子拉住母亲的衣衫哭着不放手。

挨过了小学、中学以至大学，一个阶段比一个阶段困难。毕业后就业，进入大千世界，压力更是只会有增无减。怪不得在人成长的每个阶段，都会有人打算半途而废，回家躲起来，做个宅男！二十至三十多岁的青年人尤其占大多数。其实各种年龄的宅男都有。由几岁大到几十岁老，其中还包括很多养家糊口的已婚男士。

这也是近代男女的一个微妙分别，不是说"男主外，女主内"吗？但是愈来愈多男士宁愿与妻子交换角色，也不喜欢在外搏杀。

这现象其实在欧美也有一段历史，很多男士都承认喜欢留在家中，尤其喜爱烹饪。所谓酝酿风暴(cooking up a storm)是他们减压的方式。有好些男士认为自己比妻子有耐性，教起孩子来不会过分情绪化。厌倦了工作上的你死我活，纽约华尔街的尖子再也不是让人甘心追随的精神领袖，不如回家带孩子来得踏实。

我的不少国外的好友中，也有不少选择做宅男，让喜欢做女强人的老婆专心打天下！

其实中国文人的故事当中，辞官归故里的例子多得是。采菊东篱，种豆南山，那是一种士大夫追求的悠然境界，没有人会认为他们的精神有问题。但是现代的亚洲，宅男却是引起业界中很大的关注，成为精神健康的一个大项目。

几个地区的学者都指出，如此大数目的一群具备生产力的人士躲在家中不做事，对社会生产潜质是一种很大的损失。但是怎样启动这些人的动力，却往往是无门而入。他们根本上并不愿意接受协助，焦急的反而是父母和家人。

根据日本的学者指出，有几个重要的案件，就是青年人因为父母强迫他们出门，而把父母杀掉。结果连专家也不敢叫父母向孩子施压。加上互联网的方便，青年人足不出户就可以天马行空，更是缺乏出门的动机。

我最近也被一个类似的个案弄得十分苦恼，这个十七岁的少女已经好几年不肯上学，与母亲及祖父母住在一起，外表看来是她依赖着他们，实际上这少女是提供全家人一个发泄情绪的目标。一家人时不时地就要来一次大地震，为很小的事弄到天翻地覆，结果不是少女就是奶奶要被送入青山医院。

一轮发作后，一家人又会变得十分理智，每个人都说话有理，而且悟性极高，那少女尤其是头头是道，把家中几代人的问题交待得比专家还有见解。

母亲的钱包内带着她的一张照片，是婴儿时代的小宝宝。少女说："我就是希望永远做这小婴儿！"

一听到我们说她要长大起来，便从此再也不肯出现，也不许母亲继续前来接受辅导。

当然，宅男和宅女有很多不同之处，但是这些走不出家门的青年人，我会总称他们为"家囚"。而不管他们是孩子还是成年人，都有一个相同之处：他们最感到安全的地方，就是自己的房子。

有趣的是，女人恋家，没有人觉得很奇怪，男人主内，就会成为宅男，这名词多少反映了社会道德眼光怎样为男女角色定位。也许基于这个原因，宅男成为男性的专用词。

我见过一些中国夫妇，女的喜欢在外工作，男的乐意管家，各适其适，本来相安无事。但是双方家属，以至左邻右里，无不投以奇怪的眼光，连丈母娘也忍不住，不断向女儿查问：女婿是否有问题？

舆论大过天。最近在内地看到一个电视节目,一对男女的父母反对他们结合,节目主持人请来所有家人及几位心理专家,为他们讲理。其中有一位专家问那女士说:"你的学历比男方高得多,工作又比他成功,你为什么一定要选个比你低下的人?是否因为你心中也在贬低自己?"

我当时莫名其妙,为什么女的非要找个学历比自己高、工作比自己强的男人不可?她嫁的是那个男人,不是他的学历或工作,为什么女的不能"下嫁"?

关键就在"下嫁"这两个字。如果女强人嫁个宅男,彼此都要备有很大的抗体,还要具有万二分的不在乎,才可以应付外界的奇怪眼光。

说起 Hikikomori,大部分人都是集中在孩子和青年人。我却不知何故,总是想起那些想避世的成年人。也许东京闹市的霓虹灯实在耀眼得让我头昏脑涨,让我不由自主地也想逃到一个宁静的小房子,与世隔离。

我们的会议在东京大学举行。大学入口两排高大的银杏树,满庭的黄叶纷飞,让人像走入图画当中,惊讶得不敢高声说话。校园内还有一座很美的内园,当中有个"心"字湖,建于远古的王朝,站在湖边好像走入世外桃源,我一有空隙就走到湖边观望,让我心旷神怡。

我想,如此良辰美景奈何天,谁有兴趣与那风雨飘摇的外界打交道?让我不由自主地也渴望找到属于自己的归去来兮。

# 孩子没问题

对于从事家庭治疗的工作者,电影是我们的灵感。很多老师都会用电影的片段作为教学途径。

因此,每年夏天回到纽约,同业见面,谈话内容必定离不开看了什么好戏。

今年人人都向我推荐的一部电影,就是《孩子没问题》(*The Kids Are All Right*)①。

这是一部喜剧,题材是一对女同性恋的配偶,用人工受孕方式各自生了个孩子,一男一女。长大后的两个青年,千方百计把那捐精子的男人找了出来。

原来他们的父亲仍然是个王老五,开设了一间健康食物的餐馆,是个生性不羁的男人。十多年前因为缺钱用,便以六十美元一筒出卖精子。这事他本来没有挂在心头,直到突然间两个活生生的大孩子出现在面前,才让他情难自禁。

两个青年人把父亲找了出来,起初全是基于好奇。但是意念中那模

① 2010 年上映的美国电影,也译为"孩子们都很好"。——编者注

糊的父亲形象一旦变成真人，有面孔，有眼耳口鼻，并且由于血缘关系，与自己有共同的特征及形态，不由自主地就继续偷偷找机会见面。

两个女人知道孩子的秘密后，也不知道应该如何处理这个外来的人物。

为了孩子的关系，她们同意与这精子捐赠者见面。她们不知道，一顿愉快的晚饭过后，三个大人与两个青年人的复杂关系，就发展得更加暧昧。

两个一同生活十多年的女恋人，与一般夫妻一样，自有其存在的矛盾。她们一个在外工作养家，只希望另一人安分守己地在家带孩子。但是另一人总是觉得怀才不遇，日子久了，就会抱怨自己被对方埋没，总想找机会施展拳脚。

现在来了一个与她们关系微妙的男人，为她们平淡的日子带来一种冲击。男人为那想出来发展园艺设计的女人提供工作：那就是修葺他的庭园。不用多久，二人便从庭园扯上了床，当另一人感到情况不妙时，这三人关系更是难以收拾。

这部电影并没有很复杂的情节，也没有太多刻意制造的戏剧性，只有生活中几个人那身不由己的互相关连，人与人之间及各人内心的微妙历程。两个女同志的家居生活也与一般配偶无异，煮饭、洗衣、商量孩子问题、看电视、做爱。

像所有人一样，她们会做很多傻事，但是当她们辛苦经营的家庭受到外来的威胁时，也会挺身而出，保护家庭的完整。

最后，当男人锲而不舍地继续入侵这个家庭时，那女的劲敌把他推走，说："这是我的家，不许你来霸占，如果你想有自己的家庭，就得自己去建立！"

男的只有在窗外窥看这个让他无限向往而又不属于他自己的小天

地。孩子虽然来自他的精子，但是他们并不是他的家人。

这电影把同性家庭的面纱掀起，让我们看到他们的感情世界。同性恋是一个至今仍然让人争论不已的话题。但是在心理学及精神科的领域，很多年前就已经更正了同性恋被视为一种变态行为的定义，认为这只是一种"个人选择及不同的生活方式"。

家庭的形式其实种类繁多，同性伴侣只不过是其中一种而已。好几年前，香港大学家庭研究院主办了一次世界亲侣大会，其中一项课题，就是邀请美国婚姻治疗专家 Peggy Papp 及同性伴侣辅导的 David Greenan，让他们比较同性及异性配偶相同与不同之处，结论是大同小异，每一对伴侣都有它独特之处，也有它们共通的地方。

而最大争议之一，就是同性婚姻会养出怎样的孩子？

很多人都认为这些孩子一定会出现很大的适应问题。但是多项研究都指出，同性家庭成长的孩子，无论在自我评价、性别认同，及精神健康的几个范畴上，都与异性家庭成长的孩子没有分别。

这些研究对象包括三岁孩子直至十八岁的青年人，其中有跨越十多年的长期探索，记录着这些孩子的成长旅程，结论都是一样，发觉他们与其他孩子无异。

有些研究甚至指出，女的同性配偶，在家务分工及孩子管教上会比较平均，而且会建立更多的亲属支援网络。某种程度上这些孩子比其他孩子会有更多人际关系的培养。

Greenan 自己就是一个例子，他有两个"养子"，都是他的好友——一对女同性及一对男同性——共同计划交配精子与卵子出生的，大卫也参与了一份。孩子一生下来，便有五个父母亲。如果真有问题，就是把他们宠坏了。

大孩子刚满十三岁。他们虽然不是犹太人，还是决定为他安排一个庆祝成长的加冠礼，用诗歌、用感恩、用他们自己创造的仪式，为孩子及父母带来一种宗教意义。

当然，这些孩子很容易被旁人加上标签，他们对异己事物的容忍度，也往往因而比一般孩子更强。

现时估计美国约有一百万个以上的孩子，是在同性家庭成长的。他们有些是同性"父母"以人工受孕方式诞生的，有些却原本出生在异性父母的家庭，因为父母离异而被安排在同性家庭长大。很多儿童工作者都有机会遇到这些孩子，因此我们对同性家庭的生活，必须具有专业知识。如果只凭自己的直觉，就会影响我们的处理态度。

电影中那两个青年人，本来只想知道自己的"父亲"是何许人物，没想到这些大人们聚在一起，有时比孩子更像孩子。他们冷眼旁观，一方面渴望接近这个男人，一方面又知道这男人会给他们的家庭带来极大的杀伤力。

当他们知道男人与他们的母亲真的发生"婚外情"时，便当机立断，立即与他断绝。像其他孩子一样，他们对于自己的家庭，一样是忠心耿耿的。

不论同性家庭还是异性家庭，孩子的情绪起落，都与家人的情绪起落相联。

最后，大女儿离家上大学，两个妈妈与弟弟一同驾车把她送入宿舍。她一方面不想家人介入她的新环境，拿到宿舍钥匙，就把家人甩开。但是当她发现家人失去影踪时，又急得四处找寻。找到了，才释怀地看着他们的车子走出她的视野，正式开始她的独立生活。

《孩子没问题》是个很好的标题，因为所有孩子，都需要从父母身上学习人际关系的相处之道，不管这些父母是男是女。

# 做 开 心 快 乐 的 父 母

在北京一口气见了四个家庭,却好像是同一个故事。

四个青少年病人,三女一男,不是患了忧郁症,就是狂躁症;有的住在医院的精神病房,有的躲在家中不肯出门。每一个都是大好青年,谈起话来头头是道。但是一旦被贴上精神病的标签,便所有问题都归咎于精神出了毛病。

既然是精神问题,服用药物便成为理所当然。

这四个病人来自全无关联的家庭。有趣的是,问起他们自己的生活或抱负,他们大都没有太过可言之处。然而,谈起他们的家庭,尤其是父母之间的关系,却滔滔不绝、明察秋毫,而且甚有主见。

近代很多社会研究都指出,家庭正面临着分解的危机。这些孩子及青年人,却不离不弃地维护着自己的家人,甚至酝酿成精神问题,这是一个让人难以理解的现象。

连我自己初时也不肯置信,但是过去十多年来在亚洲华人中所见到的案例大都是孩子与父母关系难分难舍的恶性循环。

尤其在精神病院的病房内,很多这一类的病童,这是一个十分严重的问题。如果没有适当的处理办法,这些孩子就白白地浪费了大好时光。

遇到这种情况，家庭的评估实在十分重要，因为首先要了解，是这些孩子真的患了精神病，还是家庭生病了，孩子只不过是病征？

就像这四个案例中的一对母女，表面上是那十八岁的女儿行为失控，对母亲尤其缺乏尊重，甚至有殴打母亲的记录。女儿在医院被关上一阵子，出院后她决定自己在外面租地方居住，她说："无法忍受与母亲一起生活的日子。"

听起来好像是母女之间出了很大的分歧，仔细探讨之下，才知道在女孩很小的时候，父母就聚少离多。母女相依为命，女儿是母亲的一切寄托、一切生存的意义。

一个孩子要背负上母亲的全部情怀，是个难以肩负的重担。如此紧密的关系有时会让人感到窒息，甚至会用暴力以图挣脱。

这孩子要求搬出家庭是好事，起码有机会让纠缠不清的人找回自己的空间。只是多年来习惯了与母亲合成一体，要自立生活谈何容易。母亲承认每天必得与女儿联系多次；女儿也同样放心不下母亲独自一人有多孤单。

好在母亲是个执业的中医，如果她能够把照顾女儿的心态，转移到照顾病人身上，也许她会找到别的满足感和归依。反而是那耽搁了多年没有向外发展的女儿，不知道需要多少决心才能冲破，因为家庭以外的世界对她是完全陌生的。

但是起码她们现在对于彼此间的矛盾有不同理解，从原本以为是母女不和而转变为母女无法分体，她们就会开始以不同办法去改善彼此的关系。

另一对也是难分难解的母女。我并没有机会见到母亲，据说她因身体不适而不能出门，只有父亲与女儿一同前来。

女儿只有十五岁，不能出门上课，被诊断为严重的忧郁症，她肯出现在我们安排的会谈场合，已经是十分难得。

像其他几个病人一样，她对自己的事并没有太大兴趣，问一句答一句。但是当父亲谈及与母亲之间的矛盾，她就竖起耳朵，留心着父亲的每一句话，时而加以补充，时而质疑他所提供的事实，一点也不含糊。

原来父母关系多年来一直别扭。由妻子入门后婆媳冲突开始，夫妻就一直无法协调。后来妻子开始生病，多次入院做过不同的手术，以致身体残弱不堪。

女儿认定那是因为母亲长年活在不愉快的婚姻中所引致，连父亲也承认自己夹在妻子与母亲之间，没有给予妻子应分的支持。

女儿说："母亲已经对父亲没有企望，现在只是安心地长期过着病人的生活。"

但是，她也许不知道，生病的既然是母亲，为什么她自己也陪着成为长期病人？

另一个少女也是有个生病的母亲，因为母亲神智不清，丈夫完全不把她放在眼里，反而是全部精神集中在女儿身上。

我去年在北京已经见过这家庭一次，当时无论父亲说什么、做什么，都让女儿大动肝火。一个十八岁的少女，全副精力都花在与父亲周旋上，完全没有属于自己的生活，只有大起大落的情绪反应。去年少女答应我，必须要把眼光望向外面的世界，不能再沉迷在父母身上。

今年见到这一家人，母亲的病好多了，但是声音仍然微弱。女儿的声音可是加倍的响亮，同时也加倍地指向父亲。原来她在医院认识一个男孩子，却因为父亲的介入而告吹了。少女好像并不介意失去男友，反而是这件事让她更加理直气壮地继续与父亲纠缠。

母亲说，无法处理这两个势不两立的父女。母亲不知道，他们并非势不两立，只是不能分离。

长大的道理，就是要放得下父母，离不开父母的孩子，往往都会憋出很多奇形怪状的毛病来。

最后一个案例，是个十二岁的小男孩，也是无心向学，终日埋怨身体不适、一身毒素。归根结底，孩子背后又是一对长年不和的父母。怪不得很多家庭治疗师相信，孩子身上出现的各种问题，往往有一个重要作用，就是促使父母面对彼此间的矛盾，让他们有机会清清旧账。

很多父母以为他们已经习惯了婚姻的不协调，已经别无所求。他们不知道，落寞的家庭生活，会让人郁郁寡欢，蚕食我们的活力，让我们失去对生命的热诚，给身边人带来一种无助的不安全感。如果加上一份苦涩，那就更是雪上加霜。长年生活在这种家庭气氛当中，不论肉体上或精神上，都会憋出一身病痛。

孩子是一块最容易吸收家庭气息的海绵，你现在也许更能明白我为什么常说，父母亲给予孩子的最好礼物，就是做个开心快活人，不管生活上遇到多大挫折。

因为父母亲活得好，孩子才会活得好。

# 情 迷 的 心 魔

原来除了情迷朱古力,这世上还有各式各样的情迷。

有人情迷不停购物,有人情迷婚外情,有人情迷收集废物——让人情不自禁的事物,实在数之不尽。各种狂迷与心魔,我们称之为强迫痴迷(Obsession)。那其实都是强迫精神症状的一种,基于某些精神上的困扰,让患者无法制止自己那不断重复的行为。

美洲一个连续电视节目,就是报道了很多这种例子。病人的行为千奇百怪,让人觉得不可思议。

其中最有趣的是一个青年人,突然异想天开,觉得自己几个兄长都会给他带来噩运,要避之则吉;他又对某种牌子的房车产生恐惧,一边走路一边数着路上有多少辆这种房车。如果多了几辆,他便双手不断互相拍打,好像要把晦气从空气中拍走。

种种奇怪的行为,身体好像完全不受他控制,人人都以为他疯了,其实他一点也不疯,只是患了强迫症。

这病征以各种不可思议的形态出现。有人不停洗手,有人走两步路必要往后跳一下,有人不停讲话,这已经是比较轻微的症状。

案例中有个年轻的母亲,正在与前夫争取女儿的抚养权。她自己却变得神经衰弱,上床前必须在床底每个角落检查,总觉得有人会从床底下钻出来加害于她。她又对地震心怀恐惧,老认为脚下的一块地,随时都会在她不留神时倒塌。如此慌张的母亲,怎有可能平静地在晚上哄女儿睡觉?这病态对她这一场官司实在不利。但是压力愈大,她的病情就变得更为夸张。

时下对强迫症的处理,大多是以行为纠正为主导,治疗师会协助病人一步步面对自己最害怕的事物,由战战兢兢,躲而避之,到慢慢地接近,最后达到再也不以为然,克服心中的恐惧。

例如那个怕房车的青年人,治疗师陪着他到车行,找到他最害怕那牌子的房车,让青年人慢慢走近,先把手放在车身上,再慢慢地把身体贴近,直到最后可以坐上驾驶座。

治疗师与青年人订下目标,最后就是让青年人可以驾驶这种牌子的汽车去探访他的兄长。

这个简单的活动,对青年人来说是一步一艰辛;每一个动作都让他如临大敌,心跳加速、身体发抖。关键是怎样鼓励他逐步冲破,让他成功地把最不可为的事而为之。

那个怕黑又怕地震的母亲,也是接受同一种行为治疗,治疗师让她在黑暗的房间独自徘徊;又为她制造形同地震的景象,让她逐渐习惯于各种让她心惊胆战的场面。通过一次又一次的经历,让最可怕的情境也变得习以为常,失去其威胁性。

当然,治疗师必须要让病人自己决定每次要走多远,量力而为;如果操之过急,病人不被逼疯,也会心脏病发作。因此,病人必须有很强的康复意愿,这种治疗才有成功的可能,同时这是一种治标不治本的方法。一个人好端端地为什么会产生如此奇怪的行为,背后必有其复杂的心理因素,各种人际间的矛盾、各种不安全的感觉,强迫症往往是当我们觉得无法控制周围环境时所产生的一种控制。

有个母亲的强迫症就是放不下五岁的女儿,每天送女儿上学,都是一种生离死别的激情。女儿离开她的视线,她就五脏翻倒、眼泪盈眶、情绪激动,让她失魂落魄,直到女儿下课出来,她才恢复正常。

治疗师也为她设立一套行为转变计划,让她一步步放下女儿,并在见不到女儿的时候,把精力放在别的事项上;最后鼓励她把女儿送去夏令营,与丈夫计划怎样度过一个女儿不在身旁的周末。

这个案例并没有达到如期的功效,母亲挣扎了一回,最后还是暗中瞒过治疗师,把女儿从夏令营带走,与女儿在一起的满足感,没有任何其他东西可以取代。

又有一个少女,对家中所有电开关及门把手,都必须要以一定方式用手指按十二次,才能罢休,可想而知她每天要在关灯及关门上花多少时间。

原来这少女的母亲患了癌症,女儿相信,如果她不重复这些动作,母亲就会病毙。可见某些不合情理的行为,并非完全不能解释,有时是一种自我慰藉,是没有办法时所创造出来的唯一办法。

不停收集废物(hoarding)是最近才被加入强迫症的项目,严重的病患者,往往在自己的住所塞满杂物,弄得水泄不通,让人无可忍受。

尤其很多独居老人或单身汉,居所堆满旧物,好像是同时填补了心中的一份空虚和寂寞。旁人以为是垃圾,他们却全部当作宝贝。很多人因此而被房东迫迁,但是要他们迁居谈何容易。美国现有一种专门协助这些囤积癖(hoarder)清理东西的辅导员,协助他们把一件一件用不着的物件丢弃,只是过程十分缓慢。如果没有好好地给予充分时间处理他们内在的冲击，即使东西清理好了，不久又会重新收集。

这种情迷于收集废物的心魔，实在让人哭笑不得。

最有趣的一个案例，是一个儿子逼着母亲清理收集回来的旧物，一袋袋的破东西，好不容易才搬上车厢，母子二人一同开车送去救世军的旧物收集站。途中母亲看到街头邻人抛弃的旧东西，又忍不住停车观看；其中有盏落地灯，母亲捡着就不忍放手。

儿子刚刚才成功逼着母亲清理废物，看到母亲这副模样，当然怒不可言。母子二人就在路旁大吵大闹，结果母亲自己拿着落地灯把车子开走，留下儿子在后面追着破口大骂，却完全无计可施。

母亲十分满意地把一箱箱本来要送去救世军的旧物搬回家中，当然包括那一盏新捡回来的落地灯，然后对自己说："也许我真的是疯了，但这是我唯一拥有的东西，丢掉它们，我还有什么寄托？不如把我杀了。"

她继续说："如果我死了，我希望可以被葬在路旁，让我不会错过所有别人丢弃的好东西，让我死后也可以继续收集！"

一个人把收集破物推展到如此境界，也真可以说是立地成佛了。

但是归根究底，是因为没有可以"囤积"在家中的儿子！

# "20-somethings" 的争议

有同事刚送完女儿出国回来,心中仍念念不忘女儿的事。

她说,在女儿就学的小镇租了一间特大房间,原想好好地享受一番天伦之乐,没想女儿一拿到宿舍钥匙,就立即搬走,留下她一个人在旅馆纳闷。

送儿女出国,不少近代父母都奉为天职。

孩子上大学,本来是人生一大阶段、一件家庭盛事!有能力的家长,都会重视。整个夏天,听到很多朋友的暑期活动,都与送孩子出国留学有关。

下面是一段典型的对话:

父亲:"我这一阵子很忙,因为要带女儿到纽约找房子,让她安顿下来才开学,八月中就要出门了。"

我问:"你熟悉纽约吗? 你知道往哪里去找房子吗?"

女儿:"他当然不知道往哪里去找房子! 我一早就对他说,我自己去就成,其实房子早有同学安排好了,我到了那里就有地方下脚!"

父亲:"你怎知道那房子是否合适? 人生路不熟,纽约又是个出名的罪恶之城,我怎么知道你是否安全?"

少女长得十分健硕,父亲却是好好先生的模样,如果遇上问题时,我保证他的女儿一定比他懂得保护自己,说不定还要帮他一把。

即使如此,谁也无法阻止父亲陪女儿出门的决心。

有趣的是好几位朋友送完儿女回来后,都是各怀心事,都觉得孩子不谅解他们的苦心,总是设法把他们甩掉。我的同事是一位成功的儿童心理专家,也逃不了同一命运。

她很不甘心地问我说:"你对家庭关系那么有经验,会不会在处理问题时较为成功?"

我不用思考就可以回答:"绝对不是!"

知易行难,无论我们想得多周到,我们的行为总是自有主张,不听大脑指使。专家的苦恼,就是有时明知故犯。

况且,知识是相对的,知识本身也会具有不同的面孔。

青年人究竟需要大人多少协助才是合理? 这本身就是一项有趣的议题。

最近《纽约时报》用了很大的篇幅,讨论二十几岁青年人的现况。这篇名为"二十多岁是怎么一回事?"(*What is it about 20-somethings?*)的报道,引用了心理学 Jeffrey Arnett 的研究结论,认为十八至二十九岁时段的青年,仍然在发育中,他们既非青少年,又非成年人,他称这个阶段为 emerging adulthood,所谓"成人的演变期"。这阶段的青年人大脑仍然没有完全发育,情感重于理智,心态模糊,不知道自己是谁、究竟想要些什么。

《纽约时报》的这篇文章,归纳了美国二十多岁"20-somethings"的几项特性,包括居无定所,或仍然住在家中;不断转换工作,平均一个人要转工七次;迟婚,或同居关系;生活仍需父母补给。总而言之,他们要花很长的时间去弄清楚自己的人生目标。

二十几岁的一代人怎样了？这报道一出，立刻就引起很大的反响，有人认为 Arnett 的理论只着重个人内在心态，没有考虑大时代的各种影响，例如政治、经济、种族，及家庭因素。也有人抨击他危言耸听，上一代人二十多岁就已经成婚生子，他却辩说这年纪的脑筋尚未成熟，岂非让青年人更加不必为自己负责？

而反应最大的是二十几岁的一代人，他们在网络上纷纷发言，大都认为 Arnett 的研究过于片面，尤其是 emerging adulthood 所提出的所谓成人五部曲：完成学业、离家、经济独立、结婚、生子。他们说："也许这根本就不是我们想要的生活，难道不依循此路就不是成人？"

也有些仍然与父母同住的青年人说："并非我不想独立，但是经济不景气，要找工作谈何容易，不是自己想不停转换工作，只是被解雇罢了。"

我问我二十五岁的侄女，她会有怎样的回应。

侄女也是大学毕业后一直居家不出，没有找到理想的工作，就索性不工作，正是"20-somethings"的典型。

她说："不是自己想做的工作，何必浪费时间？我不觉得这对我的人生有任何好处。"

当然，必须家中能够提供经济支援才可以这样说话。有趣的是，与侄女同辈的好些孩子都是同样态度。严格说来，他们并非滥用父母的钱财，我看这些青年人大都十分节俭，对物质生活没有很多的要求，他们活在互联网的境界，非必要时甚至拒绝家人的接济，当然不肯为五斗米而工作。

怪不得《纽约时报》那篇报道的总结也是说，也许这二十几岁一代的好处，就是多用十年八年去慢慢思考、慢慢成熟，起码他们有机会想得清楚，自己究竟想要什么，不像上一代人闭着眼睛，被大社会牵着走。

不过，Arnett 的结论一定备受某些中国父母所欢迎，因为他们总是认为孩子需要自己，脱离了他们，孩子就不知道饿时吃饭、渴时喝水，分辨不出冷暖，需要添衣或减衣，当然更加不能选择自己的配偶。别说二十多岁还是大脑发育不健全，到三十多岁或四十多岁，都离不开父母的叮嘱。

所以有人说，这个"20-somethings"的时代现象，起码有一部分是拜"直升机父母"现象所赐。

在各种回应中，我觉得以下一个青年所提供的例子特别有趣：

既然要经过 emerging adulthood，才能演变为成人，不如就好好享受这段时光，当作"预支"的退休生活，尽量拖延光阴，慢慢找寻你做人的方向和抱负，最好是由政府建立一项援助基金，帮助我成功地达到"悟境"。

如果有人不赞同我这论调，也不必告诉我，因为我的脑筋还没有完成发育，不会懂得你说什么。

# 吃 云 吞 面 去

有人说：教导儿女是一项艰巨的工作，怎么没有"父母学堂"，让人学习怎样做爸妈？

其实这些人说错了，不是没有"父母学堂"，只是这一间"学堂"，并非设在教室中，也并非三两天的课程。

这"学堂"设在家庭内，课程由孩子出生开始，便要穷半生的努力去学习。

严格说来，父母亲的教子心得，其实在孩子还没有来临前就已经有了蓝图，他们自己的父母亲怎样教育他们，他们也会怎样教育儿女。因为怎样做父母，并不是从书本或讲座学得，而是从家庭中开始。

心理分析鼻祖弗洛伊德说过："人的所有重要学习，都是从挫折中学来的。"学习做父母更不例外，也是由错误中去领悟。也许这个说法很让人忧虑，难道真的没有预防之法？这样说来，岂不是孩子都成了父母亲的"试验白老鼠"（guinea pig）？

其实，不单孩子是试验白老鼠，父母也是一样，他们必须在生活中一点一滴去学习。

婴儿呱呱坠地，躺在父母怀中，双方都在学习如何彼此依附。孩子入幼儿班,双方又要学习如何放手。随着孩子的发展,每个阶段都有不同的挑战。

其实孩子才是父母的最佳老师,他们的成长,也教育了父母如何成长。幼弱的婴儿,教导父母怎样负上为人父母的责任;孩童时期,教会父母如何与孩子玩耍;少年时期,又会把父母带进一个簇新的世界;等到孩子成家立室,父母更要学习怎样独守空巢。这是一辈子的学习,而且没有一个用诸四海皆准的方程式。人人都有一个不同的课题,需要当事人自己去发掘,这条道路是峰回路转,曲折离奇,成败难料,一切都没有绝对。

每个家庭的路程,都好像唐僧取经,路途中要遇上百般阻挠,而且不是靠一个人的力量取胜。

最近碰到一位在孩子心中十分完美的母亲,因着她的完美,突显了父亲的问题。结果父亲更是有理说不清,直到孩子发现母亲也并非全是有理的,而父亲也有委屈的时候,孩子才在父母不调和的关系中找到自己的平衡。

母亲百思不得其解,怎么过于完美也是罪过?自己做错了什么?

谁也没有错,只是家庭的关系是一组人的配合与互补。有人完美,就有人不完美;有"好人",就有"坏人";有人节节向上,就有人落在后方。此起彼落。尤其是夫妻之间,只有一个人做得对是不够的,必须两人都做得对。

很多父母亲故意一个做好人,另一个做恶人,结果就是形成一个忠一个奸的家庭结构,谁的教法也起不了作用。

问题是:所有父母都必定会采用一些没有用的方法来教育子女。明智的父母,很快就会察觉到此路不通,立即转向。这就是天下所有父母的学习。与其找专家问计,不如找其他家长交换心得。

当然,大时代的发展与社会文化,都会影响父母如何处理孩子的问题。例如:二十世纪六十年代的家庭,家中大多有五六个孩子,父母很难每个子女都照顾周到,孩子反而多了自我发展的空间。而且,那时房子大多只有几层楼高,社区的群体意识较强,孩子有机会向多人学习。

我小时家住北角,对于街头巷尾住了些什么人物,了若指掌。我家居地下,守在窗前就看到了人间百态。街角有人开了一间小书店,我大半时候都蹲在书店老板为我们小孩子特设的一张小板凳上,就是在那里第一次接触到世界名著的译本。我们称那老板为"鸡叔",他是我阅读外国文学的启蒙。

那时的赛西湖是一片山野,我们邻近的几个孩子漫山探索,像野孩子一般自由。有一次我向邻居一个男孩子扔石头,掷破了他的头,我吓得不敢回家。结果虽然没有挨罚,但是也让我受了一个大教训。

怪不得有儿童专家说:孩子要经过多次探险,多次跌跤、头破血流,还有各种病痛,才能成长起来的。父母亲无论有多焦虑,也只能站在一旁爱莫能助。

也许因为那时的父母站得比较远,他们应付孩子的办法也就比较实际。有一次我看到一件心爱的玩具,闹着要买,母亲不理我,无论我闹得多凶,她都继续走她的路,我一个人落在后面,多么不甘心,最后还是乖乖地跟着她走,还生怕她真的不理我走了。

很多父母亲都懂得不与无理取闹的孩子周旋,让孩子有机会自己安顿下来,他们就会乖乖就范。

我曾经问过这些父母,从哪里学来这一招的? 他们都说,不用学的,知道孩子是孩子,自然就有应对办法!

关键就是:知道孩子是孩子!

现代社会都是高楼大厦,社区意识愈来愈薄弱,窗户并非通向外面的世界,而是把屋内的人关闭起来。而孩子的数目又愈来愈少,也就愈加宝贵,加上大社会一种浓厚的亲子文化,孩子要跌跤、要头破血流、要探索世界的机会,就不知不觉地被取消了。

这种大环境下往往产生一个大问题,那就是父母忘了孩子是孩子。

忘了孩子是孩子,就会让最聪明的父母都派不上用场。当孩子不讲理时,很多现代的父母,都不懂得要给他们空间去自我反省,反而会在这时候不停地与孩子讲理,结果让父母与孩子一起失控。

也许因为母亲对着孩子的时候较多,这种问题在母亲与子女关系中最常出现,手头上很多案例,都是母亲被孩子的行为弄得焦头烂额,她们是亲子教育的最大主顾。

为什么一般父母很快就从经验中学到的东西,有些人却非要靠专家不可? 而且很多母亲都说:"专家都教我要放松,但是怎么放松得了?"

如此看来,问题并不出自缺乏技巧,而在于不能放松! 最有趣的是,这问题其他家人也必然早就察觉,并不一定要专家指出。只可惜是家中那个专家往往是丈夫,而丈夫的意见,却是与子女纠缠中的妻子最不愿意接受的。

这种情况,有时让专家也要投降! 因为提供教子方程式容易,要解决夫妻的意见分歧却难之又难! 夫妻之间的隔膜,却又往往促使母亲更加不能放下孩子。

而亲子,往往是满足父母的需要为主,因为最想亲子的是父母,不一定是孩子。即使是初生婴儿,都需要有独自躺着不受打扰的时候,何况是成长中的孩子,怎么可以没有自我发展的空间? 父母亲才是彼此的伴，当孩子成了大人的伴时，也会过早地承受大人的情绪和瓜葛。

没有什么比纠缠不清更能阻碍一个孩子的正常发展。而纠缠不清，又是现代家庭的一个普遍现象，几乎所有孩子的问题，都是与此有关。

如果父母亲知道从自己家庭学习，他们就会打开这间"学堂"的窗户，放大孩子的视野，让孩子学习走路，孩子跌倒时，夫妻二人也要提醒对方：假装看不到，彼此忍住手，远远地支持，让孩子自己爬起来。

然后丈夫拉着妻子说："老婆！别管孩子，我们吃云吞面去！"

# 两 份 新 春 的 祝 贺

新春期间,收到很多贺岁的信息,其中最有趣的两篇,不但图文并茂,而且充满诗情画意。我说的是"篇",而不是句,因为两篇贺言都是下笔千言,让我看了许久,却又久久不忘。

其中一篇,是专攻 Yung 心理治疗的专家 Shirley Ma 给我的,大标题是"心中有佛",画面是两个小和尚,十分天真可爱地出现在不同的场景,有时读经,有时玩耍,十分写意。每个场景都附有两句话,串连起来就全文如下:

> 这封短信,实在很好;
>
> 钱多钱少,够吃就好;
>
> 人丑人美,顺眼就好;
>
> 人老人少,健康就好;
>
> 家穷家富,和气就好;
>
> 老公晚归,回来就好;
>
> 老婆唠叨,顾家就好;
>
> 孩子从小,就要教好;

博士也好，卖菜也好；

长大以后，乖乖就好；

房屋大小，能住就好；

名不名牌，能穿就好；

两轮四轮，能驾就好；

老板不好，能忍就好；

坚持执著，放下最好；

人的一生，平安就好；

不是有钱，一定就好；

谁是谁非，天知就好；

很多事情，看开就好；

你好我好，世界更好；

总而言之，知足最好；

讲这么多，明白就好；

这条短信，真的很好；

不发给你，是我不好；

如再转发，当然最好！

　　这首好好歌，初看时没什么很大的吸引力，只觉得这些小和尚的造型很生动。但是再看几遍，就有一种被催眠的感觉，好像人生的每种状况和阶段，都展现在眼前，字句中的韵律有如念佛经，很快就把人吸引着，让你不由自主地投入歌中的意境。

　　由起居饮食、衣着住行，以至内在情感，这段经文都为你提供一种心态、一种悠然自得，什么都好，由老公夜归到老婆唠叨，都有值得赞好的地方,那么夫妻之间就绝无芥蒂;博士也好,卖菜也好,那么天下的孩子都是成功的孩子,"虎妈"和"直升机父母"都可以放开怀抱;老板不好,能忍就好,那么我们都可以安心工作,只要别憋出一身癌症或胃溃疡就成了;谁是谁非,天知就好,果真如此,家庭和社会就不会积聚太多怨气和暴戾。

即使知易行难,但是唱它几遍,起码可以给我们创造一刹那的胸襟,一阵子的洒脱,甚至一点儿应急的慧心。

所以这不是一封信,而是一首歌,什么都好,如果不转发给你,就真是我的不好了!

另外的一篇祝贺,来自远方的老朋友,题目是"朋友之歌",短简上是一束束美丽的鲜花图片,每一束都附上一段寄意。

第一束是白玫瑰,写着:

> 偶而的繁忙,并不代表遗忘,
> 春天的到来,愿你心情舒畅;
> 漏失的祝福,现在一起补上,
> 关切的心情,凝聚在这纸上。

第二束是康乃馨,写着:

> 朋友是琴,演奏一生的美妙;
> 朋友是茶,品味一世的清香;
> 朋友是笔,写出一生的幸福;
> 朋友是歌,唱出一辈子温馨的祝福。

第三束是丁香花,写着人生七个"然":

凡事顺其自然

艰辛曲折必然

遇事处之泰然

历尽沧桑悟然

得意之时淡然

愿你活得悠然

失意之时坦然

第四束是紫罗兰:

月色朦朦如雨

岁月匆匆行走

世间情谊最久

只愿今生拥有

知音一个难求

珍惜新旧好友

第五束是蒲公英:

以粗茶淡饭养养胃

用清新空气洗洗肺

让灿烂阳光晒晒背

迎徐徐清风抬抬腿

人生几何陶然共醉

第六束是向日葵：

无论茶是浓还是淡，让清香永驻人间；

无论距离是近还是远，让记忆彼此相连；

无论联系是多还是少，让祝福永不改变！

远也好、近也好，只要记得就好；

平淡也好、富贵也好，只要健康快乐就好；

电话也好、短信也好，彼此祝福事事都好。

一口气接了六束鲜花，每一束都带着一份厚意浓情，让我受宠若惊。年来忙着东奔西跑，只顾到眼前的事，真的是把友情丢在一旁，很多知心朋友，甚至因为没有联系而失散，有时想起他们，却已经不知道人在何方。

这封贺词勾起我一份对故人的思念，一种蓦然回首，发现失掉了的朋友仍在灯火阑珊处，向我不断叮嘱，十分惊喜！

暑假突然接到小学同学的电邮，她说："我好辛苦才把你找出来，你别又跑掉了！"

那次我们谈了一整个晚上的长途电话，这个儿时的伙伴，曾经陪我走过野性的童年。而上一次我们通话，是二十年前的事了。不知道下一次接触，是否又要等二十年？到时两个倚着拐杖、齿发脱落的老太婆，可还会认得对方？

贺卡中还有两束鲜花，一束是风信子，写着：

朋友

不一定形影不离，

但一定是惺惺相惜；

朋友

不一定十全十美，

但一定会知心知意；

朋友

不一定锦上添花，

但一定要雪中送炭；

朋友

不一定经常联络，

但一定是放在心中。

最后是一枝寒梅，写着：

爱人是路，朋友是树。

人生只有一条路，

一条路上多棵树；

有钱时候莫忘路，

无钱时候靠靠树；

幸福时候别迷路，

休息时候浇浇树。

一年有很多节日,却没有一个庆祝友谊的日子,要好好地灌溉友情,有时实在并不容易。由于我的忽略,让我欠负了太多好友的情意。我大半生的浪游中,在很多地方都留下一段情谊,却总是没有刻意珍惜,路走过了,这些故友就不知不觉地被我遗留在遥远的时空。有时无意中又碰上了,他们往往提起一些我已遗忘的旧事,让我感激万分:原来有人把我过去的点滴,像珠宝一样收拾起来,为我这个鲁莽的无心人,重拾一点失去的色彩。更让我想起一首英国名诗的句子:

　　　　我向空中射了一支箭,

　　　　我不知道它落在何处;

　　　　我向空中唱了一首歌,

　　　　我不知道它散落在哪方。

　　　　很久很久以后,

　　　　我找到我的箭,牢牢地插在一棵橡树上。

　　　　而那首歌,

　　　　由始至终,一直收藏在一个朋友心中。